Splunk 앱 제작과 대시보드 개발

Splunk 앱 제작과 대시보드 개발

카일 스미스 지음 | 김영하 옮김

지은이 소개

카일 스미스 Kyle Smith

자칭 괴짜이며 2010년부터 스플렁크를 이용한 여러 분야에서 일해왔다. 스플렁크로 새로운 종류의 데이터를 수집하고 시각화하는 것을 즐긴다. 스플렁크 사용자 컨퍼런스에서 많은 발표(가장 최근 발표는 2014년에 발표한 '덜 알려진 검색 명령어'다)를 했으며, 스플렁크 답변 커뮤니티뿐만 아니라 #splunk IRC 채널에서 활발하게 활동하는 기고자다. 스플렁크 커뮤니티 중에서 스플렁크 앱과 애드온을 공개할 수 있는 훌륭한 플랫폼인 스플렁크베이스에 몇 가지 스플렁크 앱과 애드온을 공개해왔다. 고등교육기관 및 민간기업 모두에서 일했으며, 현재는 포춘 400대 기업에서 인프라 분석가로 일하고 있다. 현재 가족과 함께 센트럴 펜실베이니아에 살고 있다.

이 책을 쓰는 동안 나의 모든 짜증을 상냥하게 받아준 아내에게 감사한다. 그녀가 없었다면, 이 노력은 의미가 없다.

기술 감수자 소개

데이브 다이어<small>Dave Dyer</small>

훼방꾼이자 혁신적인 사상가며, 추측의 파괴자다. 풀기 어려운 문제(예를 들어 현대 사이버보안)에 과학적 이론을 적용하는 이점을 활발하게 전파 중이다. 보안 베테랑이며 CU Boulder 천체물리학 프로그램에서 플라즈마 물리 연구를 하면서 데이터 분석에 역량을 쏟고 있다. 현재 큰 건강 관련 조직에서 유스케이스<small>Use Case</small> 개발자, 스플렁크 엔지니어, 보안 데이터 전문가로 일한다. 쉴 때는 카이트보딩을 즐기고, 해변가를 오랫동안 걷거나 감정을 이야기하고, 괜찮은 사람들을 만나고자 한다(사실, 이 중에 두 가지만 진실이다).

루디 데카 박사<small>Dr. Rudy Deca</small>

지략이 풍부한 목표지향적 문제해결자이자 기술자다. 콩코디아<small>Concordia</small> 대학에서 전산으로 석사 학위, 캐나다 몬트리얼<small>Montreal</small> 대학에서 박사 학위를 받았다. 모건 스탠리<small>Morgan Stanley</small>에서 네트워크 엔지니어로 일하고 있다. 노키아, 시스코, 미란다 테크놀로지, General DataComm 등에서 일했다. 네트워크 관리, 모니터링, 자동화, 도구, 개발, 장치, 스크립트, 객체지향 프로그래밍 등에 관심이 많다. 네트워크 관리에 대한 책과 여러 편의 리뷰, 컨퍼런스 기사들을 써왔다.

베노이트 휴드지아 박사 Dr. Benoit Hudzia

스트라토스캐일Stratoscale에서 차세대 클라우드 기술 설계뿐만 아니라 Irish 작업을 수행하는 클라우드/시스템 아키텍트다.

이전에, HANA 엔터프라이즈 클라우드에서 SAP 시니어 연구의 아키텍트로 일했다.

20개가 넘는 학술 발표의 저자며, 가상화, OS, 클라우드, 분산처리 시스템 등의 분야에서 많은 특허를 보유 중이다. 많은 SAP 상업 솔루션뿐만 아니라 Qemu/KVM 하이퍼바이저, 리눅스 커널, 오픈스택Openstack 같은 오픈소스 솔루션에도 직접 만든 코드와 아이디어가 반영되어 있다.

현재 가상화의 유연성, 클라우드, (레고 클라우드라고도 알려진) 고성능 컴퓨팅 모두를 통합하는 것에 중점을 두고 연구 중이다. 이 프레임워크는 동적 관리와 리눅스 애플리케이션뿐만 아니라 상품 하드웨어를 사용하는 리눅스/KVM VM의 통합 능력을 활성화하면서 물리적 서버의 메모리, I/O, CPU 리소스 분할을 제공하는 데 목적이 있다.

로버트 킹H Robert King

12가지 정도의 언어로 다양한 하드웨어에 대한 소프트웨어를 만든 엔지니어며, 오랫동안 사람과 컴퓨터 간의 인터페이스들을 구축해왔다. "오랜 경력을 통해 습득된 아주 특별한 기술을 가지고 있다."고 말하며, 현재 자신의 깃허브 계정과 블로그에서 창의적인 활동을 하고자 시도 중이다.

옮긴이 소개

김영하(fermat39@naver.com)

수학과 전산을 전공한 후 전혀 다른 분야인 육군 포병 장교로 근무했다. 정보보호 석사 학위를 취득했으며, 대위 전역 후 서울대 암연구소에서 생물 정보를 연구하다가 원래의 길인 IT로 돌아왔다. 금융 및 각종 기관의 소스변경영향분석과 운영 인프라 모니터링 시스템 구축 업무를 수행했고, 데이터 분석이 미래라는 생각으로 한국방송통신대학 통계학과에 재학 중 스플렁크 엔지니어로 일하게 되었다. "난 정보를 원한다."는 신조로 신기술을 찾아 다니며 통계전문사이트인 web-r.org 및 차세대 이러닝연구팀에서 신기술의 접목을 연구하고 있다. 자주는 아니지만 틈틈이 한국 MySQL 사용자 그룹의 번역 모임에서 해외 블로그들을 번역하곤 한다.

옮긴이의 말

'구슬이 서 말이라도 꿰어야 보배'

아무리 훌륭하고 좋은 것이라도 다듬고 정리해 쓸모 있게 만들어 놓아야 값어치가 있음을 비유하는 말인데 지금 같이 데이터가 넘쳐나는 시대에 적절한 속담이라고 생각한다. 전 세계적으로도 오픈데이터 유럽 연합의 오픈데이터 포털, 미국의 열린 정부, 국내에서도 '국가 중점개방 데이터 개방 계획'을 확정해 데이터를 오픈하고 있다. 게다가, 요즘은 자신도 모르게 개인이 가지고 있는 장비에서도, 운영 인프라에서도 엄청난 데이터가 쏟아져 나온다. 돈이 없어서 못한다는 말보다 데이터가 없어서 못한다는 말이 더 적합한 시대가 되었다.

또한, 빅데이터Big Data와 스몰데이터Small Data로 구분되는 데이터의 크기보다 해당 데이터에 대한 업무지식Domain Knowledge을 바탕으로 질적 향상을 만들어 내는 것이 진정한 의미의 데이터 활용이 될 것이다. 즉, 데이터에서 '정보'를 생산해내는 것이다. 신라의 고승 원효대사의 유명한 일화인 해골물 이야기의 교훈, '모든 것은 마음먹기에 따라 달린 것'처럼 같은 데이터를 보고 있더라고 해당 업무 지식 및 분석 기술의 부족으로 전혀 다른 의미의 정보를 얻거나 중요한 정보를 놓칠 수도 있다.

앞서 이야기한 '쓸모 있게 만들어 놓아야'라는 것에 스플렁크를 활용하는 것만큼 좋은 것은 없을 것이다. 스플렁크는 '쓸모 있게 만들어 놓기 위해' 데이터를 수집하고 저장하는 것을 간편화했고, 직관적으로 내가 가진 데이터에 대한 이해도를 높이기 위한 많은 데이터 시각화Data Visualization 방법뿐만 아니라 다른 사람과의 공유를 위한 대시보드 및 앱 제작 기능과 특정 서버 장애 시 가용성을 위한 클러스터링 기능도 가지고 있다. 물론, 비용적인 측면에서 ELK Elasticsearch, Logstash, Kibana나 EFK Elasticsearch, Fluentd, Kibana 같은 스택Stack을 오픈소스로 스플렁크와 유사한 환경을 구축할 수도 있지만, 각 스택을 구성하는 프로그램 간의 연결 설정 및 버전 호환성 문제 등을 고려한다면 OS에 관계없이 프로그램을 다운로드한 후 클릭 한 번이면 이 모든 것이 한 번에 설치되고 설정되는 스플렁크를 사용하지 않을 수 없다. 구축할 시간을 분석에 투자할 수 있을 것이다.

이 책은 수집 및 저장 부분을 제외하고는 스플렁크에서 제공하는 모든 데이터 시각화에 대한 개념과 이 데이터 시각화들을 한 곳으로 모은 대시보드, 그리고 이 대시보드들을 한 곳으로 모은 스플렁크 앱에 대해서만 다룬다. 즉 실제 데이터 수집, 분석, 시각화 기능을 포함하는 앱 제작의 시작부터 완성된 앱을 배포하는 방법까지 상세히 설명한다. 또한, 스플렁크에서 가지고 있는 데이터 시각화들의 기능을 강화하기 위해 D3.js 같은 자바스크립트와 연동하는 방법도 알아본다. 이는 간단히 스플렁크 대시보드와 앱의 소개에 그친 여타 다른 스플렁크 관련 서적과는 차이가 있다. 여러분도 이 책을 통해 스플렁크의 기능과 가능성에 대해 좀 더 깊게 이해할 수 있고, 스플렁크를 활용해 자신이 가진 데이터에 대한 이해도를 높이고 원하는 정보를 얻을 수 있을 것이다.

스플렁크 대시보드에 대한 책을 국내에 소개할 수 있는 기회를 주신 김희정 부사장님, 늦어지는 일정에도 기분 좋게 독려해주신 오원영 님께 감사드린다. 스플렁크의 세계로 미천한 저를 이끌어주신 타임게이트의 전화재 사장님과 신승호 전무님께도 감사드린다. 마지막으로 언제나 옆에 있는 윤주와 민재에게도 마음을 전한다.

김영하

차 례

들어가며

스플렁크는 대단하다! 거의 모든 데이터를 수집할 수 있을 뿐만 아니라 대부분의 외부 시스템과 확장 및 통합할 수 있다. 스플렁크는 이 책의 주요 주제인 애플리케이션이나 애드온들을 주로 사용한다. 애플리케이션이나 애드온의 활용으로 스플렁크는 데이터를 수집, 분석, 시각화하는 독특한 능력을 가지게 된다.

몇 가지 사례를 나열하자면 스플렁크는 사용자들이 장애원인 분석, 시스템 상태의 빠른 확인, SQL문과 메시지를 자세히 분석할 수 있게 도와준다. 로그와 이벤트 관리의 수집과 분석은 빅데이터 분야에서 그 영역이 확대되고 있는 추세다. 이질적인 데이터를 수집하고 관련 있게 결합된 지식을 활용해 기업이나 개인은 분석된 데이터에 기반한 결정을 할 수 있다. 이 책은 스플렁크 개발자 및 단순히 데이터에 호기심이 있는 사용자들이 좀 더 다른 방법으로 새로운 데이터를 수집하고 새로운 종류의 시각화를 만드는 데 도움이 될 것이다. 또한, 소프트웨어 개발에 필요한 팁과 방법들을 제공한다.

이 책의 구성

1장, 애플리케이션 설계 기초 스플렁크 앱과 애드온을 다루기 전에 기본적인 질문과 고려사항을 다룬다.

2장, 애플리케이션 제작 스플렁크 앱과 애드온 구조에 대한 설명과 함께 스플렁크 앱과 애드온 제작의 기본적인 방법을 논의한다.

3장, 애플리케이션 개선 기본 스플렁크 앱과 애드온을 개선하는 데 필요한 몇 가지 가이드라인과 함께 스플렁크 지식 객체Splunk knowledge object로 의미 있는 데이터가 되도록 돕는 몇몇 설정들을 알려준다.

4장, 기본 뷰와 대시보드 SimpleXML 대시보드 생성 및 개발의 기본을 살펴본다.

5장, 스플렁크 웹 프레임워크 다양한 SplunkJS 스택 컴포넌트를 설명하고 HTML 대시보드에서 이 컴포넌트들을 사용하는 방법들을 알려준다.

6장, 고급 대시보드 개발 모듈 입력, 데이터 모델, KV 저장, 모듈 D3 시각화에 대해 알아본다.

7장, 애플리케이션 패키징 스플렁크 앱과 애드온을 패키지할 때 필요한 항목들을 설명하고, 배포 준비를 한다.

8장, 애플리케이션 배포 스플렁크베이스에 스플렁크 앱을 단계별로 업로드하는 방법을 설명하고, 스플렁크의 훌륭한 지원 커뮤니티에 대한 몇 가지 정보를 제공한다.

준비 사항

이 책에 포함된 모든 예제와 코드를 잘 활용하기 위해, 다음 사항이 필요하다.

- 스플렁크의 설치와 실행
- 기본 검색, 패널과 대시보드의 개념 등을 포함해 스플렁크가 어떻게 동작하는지에 대한 기본 지식
- 스플렁크가 사용하는 다양한 기술에 대한 이해
  - 파이썬
  - 자바스크립트
  - HTML
  - CSS

이 책의 대상 독자

이 책은 의욕적인 스플렁커와 경험이 있는 전문가들에게 유익할 것이다. 스플렁크 애플리케이션이나 애드온 개발을 막 시작하거나 몇 년 동안 개발해 온 것에 상관 없이 이 책은 새로운 통합, 즉 스플렁크 애플리케이션과 애드온을 개발하는 데 도움이 되는 팁과 트릭을 제공한다. 심지어는 간단한 모듈 입력에 대해서도 이 책은 일반적인 통합 방법과 코드 예제에 대한 설명을 제공한다.

편집 규약

정보의 종류를 구분하기 위해 여러 가지 편집 규약을 사용했다. 각 사용 예와 의미는 다음과 같다.

본문에서 코드 단어는 다음과 같이 표시한다.

"access_combined는 cookie 필드를 사용한다."

코드 블록은 다음과 같이 표시한다.

```
[bluecoat]
REPORT-extract = auto_kv_for_bluecoat TIME_FORMAT = %b %d %Y
EVAL-app = bluecoat
\
```

코드 블록에서 특정 부분을 강조하고 싶을 때는 관련된 행이나 항목을 굵게 표시한다.

```
[bluecoat]
REPORT-extract = auto_kv_for_bluecoat
TIME_FORMAT = %b %d %Y
EVAL-app = bluecoat
```

명령행 입력이나 출력은 다음과 같이 표시한다.

```
# cp default/inputs.conf local/inputs.conf
```

메뉴 혹은 대화 상자에 표시되는 단어는 다음과 같이 표시한다.

"다음 화면에서 보여지는 것처럼 **설정 > 필드 > 워크플로 작업**을 선택해서 이동한다."

 경고나 중요한 노트는 박스 안에 이와 같이 표시한다.

 팁과 트릭은 박스 안에 이와 같이 표시한다.

독자 의견

독자로부터의 피드백은 항상 환영이다. 이 책에 대해 무엇이 좋았는지 또는 좋지 않았는지 소감을 알려주기 바란다. 독자 피드백은 독자에게 필요한 주제를 개발하는 데 매우 중요하다.

일반적인 피드백을 우리에게 보낼 때는 간단하게 feedback@packtpub.com으로 이메일을 보내면 되고, 메시지의 제목에 책 이름을 적으면 된다. 여러분이 전문 지식을 가진 주제가 있고, 책을 내거나 책을 만드는 데 기여하고 싶으면 www.packtpub.com/authors에서 저자 가이드를 참조하기 바란다.

고객 지원

팩트출판사의 구매자가 된 독자에게 도움이 되는 몇 가지를 제공하고자 한다.

예제 코드 다운로드

이 책에 사용된 예제 코드는 http://www.packtpub.com의 계정을 통해 다운로드할 수 있다. 다른 곳에서 구매한 경우에는 http://www.packtpub.com/support를 방문해 등록하면 파일을 이메일로 직접 받을 수 있다. 또한 에이콘출판사의 도서정보 페이지인 http://www.acornpub.co.kr/book/splunk-developers-guide에서도 예제 코드를 다운로드할 수 있다.

오탈자

내용을 정확하게 전달하기 위해 최선을 다했지만, 실수가 있을 수 있다. 팩트출판사의 책에서 코드나 텍스트상의 문제를 발견해서 알려준다면 매우 감사하게 생각할 것이다. 그런 참여를 통해 다른 독자에게 도움을 주고, 다음 버전에서 책을 더 완성도 있게 만들 수 있다. 오자를 발견한다면 http://www.packtpub.com/support를 방문해 이 책을 선택하고, 정오표 제출 양식을 통해 오류 정보를 알려주기 바란다. 보내준 내용이 확인되면 웹사이트에 그 내용이 올라가거나, 해당 서적의 정오표 섹션에 그 내용이 추가될 것이다. http://www.packtpub.com/support에서 해당 타이틀을 선택하면 지금까지의 정오표를 확인할 수 있다. 한국어판은 에이콘출판사 도서 정보 페이지 http://www.acornpub.co.kr/book/splunk-developers-guide에서 찾아볼 수 있다.

저작권 침해

저작권 침해는 모든 인터넷 매체에서 벌어지고 있는 심각한 문제다. 팩트출판사에서는 저작권과 라이선스 문제를 아주 심각하게 인식하고 있다. 어떤 형태로든 팩트출판사 서적의 불법 복제물을 인터넷에서 발견했다면 적절한 조치를 취할 수 있게 해당 주소나 사이트 명을 즉시 알려주길 부탁한다. 의심되는 불법 복제물의 링크를 copyright@packtpub.com으로 보내주기 바란다. 저자와 더 좋은 책을 위한 팩트출판사의 노력을 배려하는 마음에 깊은 감사의 뜻을 전한다.

질문

이 책에 관련된 질문이 있다면 questions@packtpub.com을 통해 문의하기 바란다. 최선을 다해 질문에 답해 드리겠다. 한국어판에 관한 질문은 이 책의 옮긴이나 에이콘출판사 편집팀(editor@acornpub.co.kr)으로 문의해주길 바란다.

1

애플리케이션 설계 기초

스플렁크 개발자 여러분! 여러분이 이 책을 읽고 있다면 여러분은 이미 스플렁크에 대한 애정을 갖고 있으며, 무한한 가능성에 대해 알고 있을 것이다. 빅데이터 세상은 우리 주변에서 계속 확장되고 있으며, 계속 발전되는 기술과 플랫폼, 개념들에 대한 최신 정보를 접하게 되면 지칠 줄 모르는 전투와 같다고 느낄 것이다. 우리는 그런 것들을 다루지 않을 것이다. 이 책은 스플렁크와 스플렁크를 위한 애플리케이션 개발만 다룬다. 이제 시작해보자!

이 책이 하지 않는 것에 대한 설명

대부분의 개발자 가이드는 그 가이드가 무엇이고 무엇을 하는지 알려준다. 우리는 이 책에서 다루지 않는 것에 대해 설명하고 이 책이 하지 않는 나머지들은 여러분의 상상력으로 채우게 하고자 한다. 다음 리스트를 살펴보자.

- 스플렁크의 기초를 다루지 않는다.

- 스플렁크 GUI 방식을 통해 대시보드를 생성하는 것을 다루지 않는다.

- 파이썬 코딩을 다루지 않는다.

- 통계를 다루지 않는다.

- 맥주 제조를 이야기하지 않는다.

스플렁크의 기초를 다루지 않는다. 예를 들어 검색(데이터 검색 및 타임 차트, 통계, eval 명령어 사용 등), 보고서(스플렁크 GUI를 사용하여 원형 및 꺾은 선형 차트 만들기), 데이터 입력(기본 파일 및 디렉토리 모니터링, TCP와 UDP 입력, 스플렁크 포워더 사용) 그리고 설정(스플렁크 GUI와 웹 기반 설정 변경)과 같은 개념이 여기에 해당한다. 스플렁크 GUI를 사용하여 대시보드를 생성하는 방법도 다루지 않는다. 파이썬을 사용하고 샘플 소스코드도 제공되지만 이 책은 그 소스코드의 의미 및 파이썬 문법을 알려주지는 않는다. 통계 계산을 다루지 않는다. 현업에서 데이터 시각화에 필요한 몇 가지 기본 계산 이상의 통계 계산을 다루지 않는다. 맥주 한 잔을 위한 내용 역시 다루지 않는다. 맥주 제작을 위한 호프 선택, 스타치 그리고 오크통의 숙성을 다루지는 않지만, 이 책을 읽는 동안에 맥주가 필요할 수도 있다.

 책의 내용에서 특별한 언급이 없으면, 개발 환경으로 스플렁크 버전 6.3을 사용한다.[1]

이 책이 하고자 하는 것

이 책은 스플렁크 앱과 애드온 제작에 필요한 많은 측면을 다루면서 여러분을 안내한다. 앱이나 애드온의 디자인, 앱과 애드온을 만드는 법, 지식 객체가 앱에서 사용 가능하다는 것이 어떤 의미인지, 메타데이터 및 외부 데이터로 앱을 개선하

---

1 이 책의 원서에서는 스플렁크 버전 6.2를 기준으로 했으나, 번역하는 동안 최신 버전인 6.3이 출시되어 스플렁크 6.3 버전을 기준으로 진행했다. – 옮긴이

는 방법 그리고 몇 가지 기본 뷰와 대시보드를 살펴보면서 시작할 것이다. 그 이후에, 스플렁크 웹프레임워크, 모듈 입력, 제이쿼리jQuery, 웹 프레임워크 프로그램, 앱과 애드온 패키징과 배포를 다룬다. 마지막에 아주 유용하다고 알려진 스플렁크 커뮤니티를 살펴볼 것이다.

가정

몇 가지 기본 가정을 한다. 이 책을 구입했던 아니면 다른 방법으로 구했던, 여러분은 스플렁크와 관련된 개발에 관심이 있고, 스플렁크에 대한 기본 지식과 스플렁크 사용법을 알고 있다고 가정한다. 검색, 보고서, 기본 대시보드는 필수 개념이다. 앞으로 소개될 개념과 예제들은 앞선 필수 개념을 바탕으로 만들어진다. 여러분이 HTML, CSS, 자바스크립트, XML에 대한 기본 지식을 가지고 있다고 가정한다. XML은 스플렁크에서 사용되는 XML 프레임워크로, 그 범위를 제한한다. 파이썬, 리콰이어JSRequireJS 그리고 바우어Bower, npm, gulp 같은 웹 기술에 대한 지식과 능력이 필요하다. 스플렁크 애플리케이션에서 앞선 웹 기술을 적용하는 법을 알려줄 것이다.

스플렁크 애플리케이션은 무엇인가?

어쨌든 스플렁크 애플리케이션에 대해 이야기해보자. 스플렁크 애플리케이션은 데이터 수집, 인덱싱을 거쳐 데이터 시각화라는 최종 목적을 달성하기 위해 사용되는 설정과 그 외 필요한 파일들을 일정한 규칙에 맞춰 모아둔 것에 불과하다. 또한 완전한 스플렁크 애플리케이션을 만들기 위해서는 검색 기능을 포함해야 한다. 애플리케이션에 검색 기능이 없으면 애드온으로 간주된다. 스플렁크에 따르면 애플리케이션은 다음과 같다.

- 적어도 하나의 검색 뷰를 포함해야 한다.

- 스플렁크 엔터프라이즈 홈(스플렁크 실행시 첫 화면)의 앱 메뉴에서 열릴 수 있어야 한다.

- 데이터라는 측면에 초점을 맞춘다.

- 기능을 중심으로 만들어진다.

- 다양한 유저 그룹과 롤을 지원한다.

- 다른 앱들과 병행해서 실행이 된다.[2]

- 많은 설정과 지식 객체를 포함한다.

- 프론트엔드부터 백엔드까지 완벽히 커스텀화될 수 있다.

- HTML, CSS, 자바스크립트와 같은 웹 콘텐츠를 포함할 수 있다.

http://docs.splunk.com/Documentation/Splunk/6.3.1/AdvancedDev/
AppIntro에서 확인할 수 있다.

왜 스플렁크 애플리케이션인가?

스플렁크 애플리케이션은 설정들을 빠르게 공유하고, 데이터 접근을 제어하며, 유사한 대시보드와 뷰를 짜임새 있는 데이터의 표현으로 체계화한다. 애플리케이션의 공유는 애플리케이션을 압축하고 전달하는 방법으로 쉽게 할 수 있다. 스플렁크 애플리케이션은 거의 모든 설정 파일, 작성된 스크립트들, 애플리케이션에 포함된 다른 지식 객체들을 파일 시스템에서 볼 수 있기 때문에 오픈소스라고도 말할 수 있다. 이런 특징은 전체적으로는 '마스터 설정'을 유지하면서 개별적인 인스턴스로 커스터마이징이 가능하게 한다.

용어 정의

시작하기 전에 스플렁크 애플리케이션의 이름을 만들 때 사용해야 하는 일반적인 몇 가지 '명명 규칙'을 정의해야 한다. 대부분은 문제없이 명명 규칙을 사용하겠지

---

2 스플렁크가 실행될 때 설치된 앱들 또한 실행이 된다. 각 앱들이 실행될 때 다른 앱들의 실행에는 영향을 끼치지 않으며, 스플렁크 실행시 각 앱들의 실행 여부는 설정에서 변경할 수 있다. - 옮긴이

만, 애플리케이션은 실제 어떤 것으로도 이름을 지을 수 있다. 그래서 다른 애플리케이션과 이름이 같거나 아니면 스플렁크 사용 규약이나 배포 가이드를 위반할 수 있다. 특히, 'Splunk' 단어는 애플리케이션이나 애드온에서 사용할 수 없다. 또한, 과거에 스플렁크는 'technology add-ons'라고 애드온을 명명하였지만 이제는 'add-ons'로 변경하였다. 각각의 다른 목적으로 애드온을 구분하는 방법에 대한 애드온 타입 리스트는 다음과 같다.

 스플렁크 디자인 가이드라인을 지켜라. 위반된 명명 규칙은 충돌을 야기시킬 수 있다.

1. **Applications**: 애플리케이션은 애플리케이션의 내용과 관련 있고, 'Splunk'를 포함하지 않는 한 어떠한 것으로도 이름을 지을 수 있다.

2. **Domain add-ons(DA)**: 도메인 애드온은 완전한 애플리케이션이 아니다. 차라리 도메인 애드온은 더 큰 애플리케이션을 위한 데이터 시각화와 표현을 포함한다. (추출, 태그, Event Type[3], 매크로, 라인 구분 설정 등과 같은) 설정들이 포함되어서는 안 된다. 대시보드와 뷰는 이러한 종류의 애드온에 포함되는 주요 객체들이다.

3. **Supporting add-ons(SA)**: 서포팅 애드온 또한 완전한 애플리케이션이 아니다. 이 애드온은 매크로, 저장된 검색_{Saved Search}, Event Type, 태그와 같은 '데이터 정의'를 포함한다. 이 애드온은 도메인 애드온에서 데이터를 사용할 수 있게 연관시키고, 정규화 및 병합하는 방법을 설정한다.

4. **Technical add-ons(TA)**: 테크니컬 애드온은 추출, 데이터 조작, 인덱스 타임시 설정을 제공한다. 이 애드온은 (여러 함수 안에서) 적절한 이벤트 처리, 검색 필드 추출, 타임스탬프에 필요한 설정을 포함한다. 이 애드온은 완전한 애플리케이션뿐만 아니라 SA와 DA 애드온의 기본 구성이 된다.

---

3 스플렁크 화면에서 볼 수 있는 거의 대부분의 용어들이 한글화되어 있으나, 현재 Event type과 Source Type의 경우는 변경되지 않았다. 화면과의 통일성을 위해 앞으로 위의 2개 용어는 원문 그대로 사용한다. – 옮긴이

여기까지 해서, 보통의 스플렁크 설치(스플렁크 및 스플렁크 앱의 설치)에서 볼 수 있는 '공식적인' 명명 규칙은 그만 다룬다. 이제 현업에서 다양한 스플렁크 설치시 도움이 되는 좀 다른 명명 규칙을 다룬다. 다음 2개의 명명 규칙은 나만의 규칙이고, 배포 과정에서 도움이 되었다.

- Input add-on(IA): 입력 애드온은 단지 입력으로 알려진 데이터 수집에서 도움이 되는 설정이다. 이 애드온은 배포 서버에서 찾을 수 있고, 유니버셜 포워더에서 데이터를 수집하기 위해 사용된다. TA에서 IA를 분리했을 때의 장점은 유니버셜 포워더에 보내지는 애드온의 줄여진 사이즈이다. 이 점은 만약 TA가 유니버셜 포워더에서 필요하지 않은 룩업을 포함하고 있지만 그 크기가 몇 메가바이트라면 특히 유용하다.

- Admin add-on(ADMIN): 이 애드온은 아주 특별한 애드온이다. 이 애드온은 일반적으로 다양한 위치에서 필요한 관리적인 설정을 포함한다. 그러한 설정들은 웹 서버 SSL 포트, 배포 대상 정보 아니면 web.conf나 server.conf의 내용에 있는 어떠한 것일 수 있다. 이 애드온은 클러스터링되지 않은 인덱서들에게 인덱스 정보를 보내거나 중앙에서 모든 적절한 설정을 설정함으로써 더욱더 많은 서치헤더의 추가를 조정하기 위해 사용될 수 있다.

완전한 명명 규칙에 대한 리스트는 아닐지도 모르겠지만, 이 리스트만으로도 실제 현업에서 볼 수 있는 스플렁크 앱들을 알아볼 수 있기에 충분하다. 우리가 권장하는 추가적인 명명 규칙중 주목해야 하는 것은 회사명 추가이다. 이 명명 규칙은 스플렁크 관리자가 스플렁크 애드온과 커스텀 애드온을 구분하는 데 도움이 된다. 예로써 TA for Cisco를 만들고 ACME라는 회사 이름을 추가한다고 하자. 스플렁크에서 제공되는 애드온은 'TA-cisco'로 명명되지만, 제조사가 제공한 것을 수정하기를 원하지 않는다. 그래서 새로운 애드온 파일은 'A-ACME-TA-cisco'가 될 수 있다. 이 명명 규칙은 2가지를 알려준다.

- 커스텀 TA가 Cisco와 관련되어 있다고 알기 쉬움
- 애플리케이션 우선순위에 기반하여 TA-cisco의 설정으로 덮어쓰기가 가능

잠깐 애플리케이션 우선순위에 대해 이야기해보자. 스플렁크는 애플리케이션과 함께 설치된 설정을 적용할 때 '병합 설정' 방법을 사용한다. 설정들 간의 충돌 처리를 하기 위해 스플렁크가 선택한 방법은 아주 간단하다. 우선순위에는 2가지의 방법이 있다.

먼저 디렉토리 구조이다. 애플리케이션의 default 폴더(이어지는 장들에서 default에 대해 다룬다)에 input 설정 파일이 위치해 있으면, 그 설정 파일의 세부 설정을 덮어쓰기 위해 애플리케이션의 local 폴더에 상응하는 설정 파일을 위치시킨다. 이와 같은 방법은 애플리케이션 자체에도 적용된다. 스플렁크는 우선순위를 판단하기 위해 이름의 아스키값을 사용한다. *nix상에서 LC_COLLATE=C ls 명령을 사용하면 스플렁크 apps 폴더의 애플리케이션을 정렬할 수 있다. 이 명령어는 앱들을 아스키값으로 정렬된 순서로 보여주고 그 리스트의 처음은 최우선순위를 가진다. A는 Z에 대해 우선순위를 가진다. 또한, Z는 a에 대새 우선순위를 가진다. 그래서 애드온 이름의 시작에 A를 주면 그 애드온은 우선 순위를 가지게 되고, 필요할 때마다 우선순위를 가진 앱의 설정에 특정한 설정을 덮어쓰기할 수 있다.

 이제부터, 스플렁크 애플리케이션과 애드온 모두 편의상 공식적으로 앱으로 표현한다.

앱 설계

앱이 필요하다고 결정하였는가? 축하한다! 이제 앱이 필요하다는 것을 알았지만, 몇 가지 항목들에 대해 결정할 필요도 있다. 아주 간단한 앱이라도 대시보드, 저장된 검색, 워크플로 등으로 구성된 굉장히 복잡한 앱으로 발전할 수 있기 때문에 작은 계획이라도 해보는 것이 중요하다. 결코 "음, 이것은 단지 간단한 개발일 뿐이야."라고 가정하지 마라! 시간이 지남에 따라, 그런 상황이 아닐 것이다.

사용 목적 확인

처음이자 가장 중요한 사항은 앱의 범위를 결정하는 것이다. 범위에 대해 계획을 세웠으면 가능하다면 확장될 범위의 양을 제한해야 한다. 데이터에서 추출만 수행하려고 하고, 그것이 현재 최종 목적이라면 거기서 그만 개발의 범위를 제한하라. 처음부터 완전히 다 갖춘 제품을 만들려고 하지 마라. IA를 만들어라. 그 후에 TA를 만들어 간다. 개발자 스스로 앱의 범위를 확인하고자 다음과 같은 질문을 하라.

- 무엇을 목표로 하고 있는가? 검색 타임 추출?[4] 인덱스 타임 추출? 공유할 대시보드?
- 사용자는 앱을 접근하기 위해 어떤 접근 권한이 필요한가? 모든 사람? 특정 롤?
- 어떤 종류의 정보를 보여주려 하는가? 서버 기반? 메트릭 기반?
- 누가 대상인가? 스플렁크 처리 언어(SPL)를 이해하지 못하는 비지니스 사용인가 아니면, 개발자가 MB$_{MegaByte}$에서 GB$_{GigaByte}$로 적절히 변환하지 못한 것을 알아차리는 전문가인가?

그런 질문들은 내부 리소스뿐만 아니라 어떤 종류의 문서와 교육 요건이 필요한지 생각을 가질 수 있게 도움이 된다.

무엇을 다루는지 확인

앱의 범위를 확인했으면 데이터를 어디에서 어떻게 얻을지를 결정할 필요가 있다. 아주 다양한 방법으로 스플렁크에서 데이터를 수집한다. 모든 데이터 소스에 대해 고정된 방법으로 동작하는 입력은 없다. 새로운 스크립트나 모듈 입력을 개발할 필요도 있을 것이다. 데이터가 처음부터 정확하게 사용되기 위한 핵심은 그 데이터의 출처를 아는 것이다. 스스로 물을 수 있는 몇 가지 질문은 다음과 같다.

---

4 스플렁크는 데이터에서 검색 필드를 추출시 검색할 때나 데이터 인덱싱할 때 할 수 있다. 데이터의 성격이나 검색속도를 고려하여 선택한다. – 옮긴이

- 왜 나는 이 데이터가 필요한가? 이 데이터들은 완벽하게 나의 경우와 연관되어 있는가?

- 이 데이터는 어디에서 오는가? 클라우드, SaaS 제공자, 내부 네트워크?

- 어떻게 이 데이터를 얻는가? 수집 스크립트를 이미 가지고 있거나 수집/모듈 입력을 작성하기 위한 내부 리소스를 연동할 필요가 있는가?

- 데이터는 어떤 포맷인가? 잘 추출되는가(아니면 syslog처럼 잘 알려진 것인가) 아니면 커스텀 추출을 할 필요가 있는가?

현장에는 정말 많은 데이터들이 있다. 그러나 그것들 모두가 여러분의 경우와 연관되어 있지는 않을 것이다. 100개의 서비스에서 데이터 수집이 가능한 경우가 있겠지만 오직 10개만 필요할 뿐이다. 라이선스 사용을 줄일뿐만 아니라, 인덱서들도 감사할 것이다.[5]

앱의 개선사항 확인

앱 개발에서 또다른 핵심 고려과정은 얼마나 앱을 개선하느냐는 것이다. 스플렁크는 많은 부분에서 앱을 커스터마이징하는 능력을 제공하는 아주 거대한 아키텍처 및 프레임워크를 가지고 있다. 개별적인 CSS를 오버라이드하고 많은 시각화 및 서드파티 라이브러리를 포함하기 위해 SplunkJS 스택을 확장할 수 있다. 곰곰히 생각할 수 있는 추가적인 질문은 다음과 같다.

- 모든 것을 개선할지 아님 그냥 기본 스플렁크로 사용할지?

- 앱 아이콘을 디자인하고 만드는데 내부 그래픽 리소스를 가져오는 것이 필요한가? 앱 로고는?

- 모바일 아니면 정적 데스크탑에서 사용할 것인지? 데스크탑 앱의 사이즈는 일반적인지 아니면 방문하는 사용자에 따를 것인지?

---

5   스플렁크의 라이선스 정책이 1일당 수집된 데이터의 인덱싱되는 데이터량으로 산정된다. 데이터 인덱싱시 디스크 IO가 큰 역할을 한다. - 옮긴이

- 앱을 커스터마이징하려면 무엇을 확장해야 하는가? 기본 스플렁크가 사용하는 몇 가지 옵션의 색을 바꿀 것인가 아님 CSS를 오버라이드할 것인가?
- 커스텀 CSS 및 HTML 레이아웃을 생성하기 위해 웹 디자이너 고용이 필요한 것인가?

앱을 개선하는 데 가능한 아주 많은 옵션들이 있다. 그러나 모든 커스터마이징은 개발자를 위한 스플렁크 개선 가이드라인을 준수해야 한다. 스플렁크 가이드라인에 대한 URL은 다음과 같다.

http://www.splunk.com/view/SP-CAAAFT9

무엇을 보여주고자 하는지 확인

일단 수집할 데이터의 특징과 수집 방법을 알고 있다면, 다음으로 시각화를 생각하는 것이 필요하다. 어떻게 정보를 보여주는가는 어떤 데이터를 수집하느냐와 같이 중요하다. 스플렁크는 시각화를 위한 많은 방법을 가지고 있으며 바로 확인해서 볼 수 있다. 그리고 정말 멋진 시각화를 포함하기 위해 아주 쉽게 확장될 수도 있다. 예상되는 몇가지 질문은 다음과 같다.

- 커스텀 모듈 작성이나 SplunkJS 뷰와 매니저를 확장하기 위해 프로그래머가 필요한가?
- 문서화, 개발 아니면 사용하기 위한 권한 획득을 위해 어떤 서드파티 그래픽이나 그래픽 라이브러리가 필요한가?
- 데이터를 보여주기위해 최고이자 효과적인 방법을 찾기 위해 통계학자가 필요한가? 몇 가지 (최대, 평균, 최소와 같은) 통계치는 쉽고, (신뢰구간과 추세선과 같은) 다른 것들은 쉽지 않다.

이런 질문들이 조직의 데이터 분석과 관련된 논의에 방해가 되지 않을 것이다. 가질 수 있는 더욱 많은 내부 논의는 앱을 더 좋고 더 용의주도하게 만들 수 있다.

앱 설치

스플렁크 개발자로써 스플렁크 앱을 설치하는 3가지 방법을 알고 있어야 한다. 각 방법들은 나름대로의 장점과 단점이 있지만, 특별히 권장되는 방법은 없다. 앱 사용자가 어떤 방법을 사용하는지는 거의 대부분 개인적 선호도에 따른다. 그러나 일반적으로 고급 사용자는 커맨드라인을 사용하겠지만, 스플렁크 초보자는 웹 인터페이스를 사용할 것이다. 각 방법이 무엇인지 간단히 살펴보자.

스플렁크 웹

스플렁크 웹을 통해 앱을 설치하는 것은 간단하다. 앱을 다운로드하면, 스플렁크의 앱 관리로 이동한다. 다음 화면처럼 스플렁크 웹의 왼쪽 윗부분에서 찾을 수 있다.

앱 관리를 클릭하면, **파일에서 앱 설치**로 표시된 버튼을 볼 것이다. 첫 번째 버튼을 사용해서 스플렁크 앱 스토어도 검색할 수 있다.

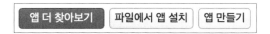

실제로 앱의 설치가 가능한 폼이 나타난다. **파일 선택**을 클릭하고, 다운로드한 앱 파일을 선택한다. 그리고 이 앱이 이미 설치되어 있는 경우라면 **앱 업그레이드**를 체크한다. 그리고 **업로드**를 클릭한다. 끝났다! 스플렁크는 앱을 업로드 및 설치하고, 필요하다면 재시작할 것을 알려준다.

앱 업로드

설치할 .spl 또는 .tar.gz 앱 파일이 있을 경우 이 폼을 사용하여 해당 파일을 업로드할 수 있습니다.

Splunk CLI를 통해 기존 앱을 바꿀 수 있습니다. ↪ 자세히 알아보기.

파일

| 파일 선택   선택한 파일 없음 |

☐ 앱을 업그레이드합니다. 이 항목을 선택하면 앱이 이미 존재하는 경우 덮어씁니다.

| 취소 | | 업로드 |

스플렁크 커맨드라인

CLI는 많은 유닉스 계열 관리자들의 마음 속에 특별히 자리잡고 있다. 커맨드라인만으로도 완전한 앱 설치가 가능하다. 커맨드라인 앱 설치는 다음 사항을 만족해야 한다.

- 물리적(아니면 가상화) 서버에 접근
- 스플렁크 CLI 커맨드를 실행하기 위한 충분한 권한

모든 명령어는 $SPLUNK_HOME에서 실행될 것이고, 보통 /opt/splunk가 기본설정이다. CLI로 앱을 설치하기 위해 다음 단계를 따른다.

1. 앱 파일(*.tgz이거나 *.spl 파일)을 파일시스템에 복사한다.
2. /bin/splunk install app 〈파일의 경로〉를 실행한다.
3. 스플렁크는 앱을 설치할 것이다. 앱의 내용에 따라 재시작을 물을 수도 있다. 인덱스 타임 설정은 재시작을 요구하지만, 검색 타임 설정은 재시작이 필요 없다.

 http://www.PacktPub.com에서 구매한 모든 팩트 책의 예제 코드 파일을 다운로드할 수 있다. 책을 다른 곳에서 구매했다면 http://www.PacktPub.com/support를 방문해서 직접 보내진 이메일에 있는 파일을 가지고 등록하면 된다. 에이콘출판사 도서 정보 페이지 (http://www.acornpub.co.kr/book/splunk-developers-guide)에서도 다운로드할 수 있다.

커맨드라인에서 압축 풀기

마지막 방법은 unzip/untar를 수행하는 것이다. 앱이 적절하게 구성되어 있다면 실행할 필요가 있는 유일한 단계는 다음과 같다.

1. 해당 파일을 $SPLUNK_HOME/etc/apps에 복사한다.
2. 파일의 확장자를 .spl에서 .zip으로 변경한다.
3. 각자 개인의 유틸리티를 사용해서 그 파일의 압축을 풀어 폴더에 넣는다.

 주의: 이 과정은 설정한 local 설정을 (만약 zip 파일 안에 있다면) 포함된 설정 파일이 덮어쓸 것이다. 다음 장에서 디렉토리 구조를 다룰 것이다.[6]

요약

1장에서는 스플렁크 앱 설계 및 설치의 기본을 다루었다. 앱은 '도메인'으로 구분될 수 있다. 각 도메인들은 앱이 무엇을 할 수 있고 앱에 무엇을 포함하는지를 빠르게 알아내게 하는 명명 규칙들이 있다. 따라서 개발된 앱이 처음인 사용자가 설정을 찾아볼 필요가 없다. 앱이 사전에 계획된대로 동작하는지 확인하는 앱 설계 접근법을 배웠다. 그 방법은 나중에 이미 운영에 있을 때 앱의 주요 부분을 재설계하는 것을 막아준다. 개발자가 만든 앱을 설치할 사용자들의 상황을 이해하기 위해, 앱을 설치하는 3가지 방법들도 확인하였다.

이제 앱이 무엇으로 구성되는지 이해하였다. 이어지는 장들에서 앱을 만들고 개선하는 것을 다룰 것이다.

---

6 새로 앱을 설치할 때는 문제가 없으나, 자신이 앱을 만들고 있는 과정에서 외부의 앱을 추가할 때 주의한다. - 옮긴이

2

애플리케이션 제작

2장에서는 실제 애플리케이션을 제작하는 방법을 다룰 것이다. 앱 제작에는 GUI를 이용하는 방법, 직접 코드를 작성하는 방법이 있다. 애플리케이션의 구조, 애플리케이션 안에서 각 폴더는 무엇을 포함하고 있어야 하는지, 왜 이것이 중요한지다룰 것이다. 그외 다룰 것은 애플리케이션에서 사용하게 될 데이터다. 미리 데이터 구조를 설정하면 시간과 노력을 절약하고 다시 다룰 경우 데이터에 집중할 수있을 것이다. 앱이 계속 릴리스될 때마다 데이터의 사용은 필요하기 때문에, 처음에 정확하게 데이터를 얻는 것은 중요하다. 이 장에서는 데이터 처리 방법뿐만 아니라 스플렁크 애플리케이션에 포함될 수 있는 스플렁크 지식 객체의 종류들을 다룰 것이다. 애플리케이션의 접근 제어는 필수사항일 수도 있다. 따라서 메타데이터와 오브젝트 권한도 다룰 것이다. 애플리케이션이 설치되면 사용자들은 애플리케이션이 사용될 수 있기 전에 몇 가지 추가적인 설정이 필요할 수도 있다. 따라서설정 화면을 만드는 것도 다룰 것이다.

작업 순서에 대한 설명

이 책은 아주 밑바닥에서부터 앱을 생성하면서 진행할 것이다. 앱의 이름은 (파일 시스템에서는) SDG이고, 앱 명칭은 'Developer's Guide for Splunk'이다. 스플렁크베이스의 https://splunkbase.splunk.com/app/2693/에서 미리 앱의 자세한 사항을 확인할 수 있다. 또한, 제작할 앱은 API 사용이 허용되는 일일 거래 사이트인 meh.com에서 제공되는 API를 사용할 것이다. 이 사이트에서 제공하는 내용이 현실적이며 사용하기 쉬운 API를 제공하기 때문이다. 해당 사이트의 API로부터 얻어진 데이터는 스플렁크 앱을 만들 때 사용된다.[1]

스플렁크 앱 제작과 관련해서 1장에서의 질문들을 다시 생각해보자. 제작할 스플렁크 앱 생성 준비 단계에서 해당 질문에 답을 가져야 한다.

- 사용 목적의 확인:
  - 직접 이 앱을 제작할 것이다. 마지막에 이 책에서 설명된 모든 예제를 포함한 최종앱을 보여줌으로써, 여러분은 최종 앱을 가지게 되는 기회뿐만 아니라 단계별로 앱이 어떻게 만들어지는지 확인할 것이다.
  - 모든 사람이 사용할 데이터 시각화와 모듈 입력을 가진 앱을 제작한다(롤 기반 접근제어가 필요 없다).
  - 데이터는 주로 일간 매매 정보와 투표 정보로 이루어질 것이다.
- 앱에서 어떤 데이터를 수집할 것인지를 확인:
  - 데이터는 스플렁크 앱 제작시 '이벤트 생성소'로서 필요하고, 이는 https://meh.com에서 제공되는 API로 가능하다. 해당 사이트의 API를 사용한 모듈 입력으로 데이터를 연결하고, JSON으로 데이터를 가져올 것이다.
- 무엇을 개선하기 원하는지 확인:
  - 제작하는 스플렁크 앱에 특정 아이콘과 몇 가지 추가된 CSS와 자바스크립트로 앱을 개선시킬 것이다. 특별히 외부 파일이 필요 없다.

---

1 이 API로 얻어진 데이터는 JSON 형식이며 스플렁크는 JSON의 키-값 형태의 프라퍼티를 필드-값으로 추출한다. – 옮긴이

- 무엇을 보고 싶은지 확인:
  - 박스 플롯 그래픽을 사용할 것이다. 이때 모듈 스플렁크 자바스크립트 라이브러리로 변환하는 것이 필요하다. 사용되는 통계는 간단하고, 어떠한 수학도 필요 없다.

스플렁크 앱 제작과 관련된 고려사항을 확인하였고, 이제 앱 제작을 시작할 준비가 되었다. 앱을 제작하면서 아주 기초 단계에서부터 필요한 내용을 확실히 숙지하고, 점점 필요한 내용을 추가하게 될 것이다.

애플리케이션을 제작하는 방법

애플리케이션 제작에는 2가지 기본 방법이 있다. (모두 어려운 수준은 아니지만) 굳이 어려운 순서로 본다면 다음과 같다. 스플렁크 웹(이를 GUI로 부를 것이다) 그리고 직접 코드 작성이다(이후 FreeForm이라고 한다). 스플렁크 앱을 제작하려면 스플렁크 인스턴스 안에 특정한 권한을 가져야 한다.

 전문 팁
앱을 개발하기 위한 필요한 모든 권한을 갖기 위해 개발자 라이선스로 스플렁크의 새 인스턴스를 구성하라.[2]

GUI 방법은 개발할 사용자가 스플렁크 관리자이어야 한다. 또한, FreeForm 방법의 경우는 스플렁크 서비스를 실행하는 사용자와 같은 권한을 가진 사용자로 서버에 커맨드라인으로 접근해야 한다.

---

2 기본 스플렁크 설치시 제공되는 라이선스는 Enterprise 평가판 라이선스다. 60일 동안 하루 최대 500MB까지 인덱싱이 가능하다. 이 라이선스로도 이 책의 내용을 따라하기에는 충분하다. 라이선스의 변경은 Splunk 화면에서 설정 > 라이선싱 > 라이선스 그룹 변경에서 하며 반영을 위해 재시작된다. – 옮긴이

GUI

GUI 방법부터 시작하자. 이 방법은 (인증이 스플렁크 인스턴스에 설정되어 있다면) 외부 인증 시스템이나 내부(롤 기반) 접근을 통해 접근 및 사용할 수 있기 때문에 가장 간단하다. 첫 단계는 로그인이다. 개발 스플렁크 인스턴스에 로그인하면 **앱 관리** 부분으로 이동한다. 다음 화면에서의 **앱 관리** 대시보드에 이동하면, **앱 만들기**라는 버튼이 있다.

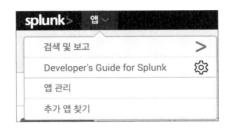

이 버튼을 선택하면, 아래 화면처럼 **앱 만들기**의 새로 추가 페이지로 이동할 것이다. 이 페이지는 앱 제작 생성에 필요한 속성들을 가진 양식으로 되어 있다. 이 책은 예제로 스플렁크 앱 SDG을 사용할 것이고, 지금부터 전체 앱을 만들 것이다.

다음 페이지는 **앱 만들기**의 새로 추가와 관련된 양식이다. 각 항목의 밑에 항목 설명이 제공된다. 이는 빠르고 효과적으로 해당 내용을 입력할 수 있게 한다. 스플렁크베이스에 이 앱을 배포할 계획이라면 일관성 있는 버전 숫자를 유지하도록 해라 (http://semver.org는 버전 숫자를 부여하는 방법 및 사양서를 제공한다). 다음으로 '확인할 사항'은 **표시 여부** 항목이다. 데이터 추출 및 입력만 하거나 대시보드나 데이터 시각화를 보여주는 것이 없다면, **아니오**를 선택한다. 이는 해당 앱이 앱 리스트에 보여 사용자가 혼동하는 것을 막아준다.

이름

Spunk Developer's Guide

Splunk Web에 표시하려면 이름을 앱에 제공하십시오.

폴더 이름 *

SDG

이 이름은 $SPLUNK_HOME/etc/apps/의 앱 디렉터리에 매핑됩니다.

버전

0.1

앱 버전입니다.

표시 여부
　아니요 ☐ 예

뷰가 포함된 앱만 표시 가능하도록 설정할 수 있습니다.

작성자

Kyle Smith

앱 소유자의 이름입니다.

설명

A Sample Application

앱에 대한 설명을 입력하십시오.

템플릿

barebones

이 템플릿에는 예제 뷰와 검색이 포함되어 있습니다.

자산 업로드

파일 선택　　appIcon.png

html, js 또는 기타 파일을 앱에 추가할 수 있습니다.

취소　　　　　　　　　　　　　　　　　　　　　　저장

템플릿 항목은 barebones 아니면 sample_app일 것이다. 대부분의 경우, barebones 를 사용할 것이다. sample_app은 기본적으로 생성된 예제 검색, 추출, 입력, 시각 화들을 삭제해야 하기 때문이다. 이 페이지에서 필요한 파일을 업로드할 수 있다 (차후에도 추가할 수 있다). 각 항목들의 입력이 완료되면, **저장**을 누른다. 앱이 만들 어지고 $SPLUNK_HOME/etc/apps에 위치할 것이다. 이 위치는 앱들이 설치되 는 기본 위치이다. $SPLUNK_HOME 디렉토리(*nix에서는 기본으로 /opt/splunk이 고, 윈도우에서는 C:\Program Files\Splunk이다)는 일반적인 설치 디렉토리이지만, 설 치가 진행되는 상황에 따라 다를 것이다. 앞의 새로 추가 양식에서 입력된 폴더 이름아래 앱의 기본 폴더 구조가 생성될 것이다(조금 뒤에 자세히 다룰 것이다).

CLI

"커맨드라인을 통해서 앱을 만들 수는 없을까"라고 궁금해 할 수도 있다. 이에 대한 대답은 '만들 수 없다'이다. 스플렁크는 현재 앱 제작에 대한 명령어를 가지고 있지 않다. 앱의 설치, 활성/비활성, 패키징에 대한 각각의 명령어는 가지고 있지만, 생성에 대한 것은 없다.

FreeForm

앱을 생성하는 또다른 방법은 FreeForm이다. '직접 코딩 방식'으로도 알려져 있다. 이 방법은 $SPLUNK_HOME/etc/apps 폴더로 이동하여 직접 폴더 구조를 생성하고 Vim, Emacs나 노트패드 등 선호하는 텍스트 에디터를 사용하여 설정들을 생성한다. 앱이 기능을 수행하려면 최소한의 폴더와 파일 구조를 가지고 있어야만 한다. 따라서 앱의 기본적인 템플릿을 유지 및 사용하는 것이 권장된다. 이렇게 작성된 템플릿을 유지 및 사용하면 기본 템플릿을 사용해서 새 앱을 빠르게 만들 수 있고, 다른 모든 설정을 재생성하거나 잘못된 설정을 갖게 되는 위험이 없어 개발의 속도를 높일 수 있게 한다. 다음 항목들은 앱에 필요한 설정과 폴더들이다.

- $APP_HOME/default/app.conf
- $APP_HOME/local
- $APP_HOME/metadata/default.meta
- $APP_HOME/default/data/ui/views/*.xml

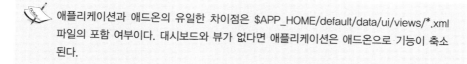

애플리케이션과 애드온의 유일한 차이점은 $APP_HOME/default/data/ui/views/*.xml 파일의 포함 여부이다. 대시보드와 뷰가 없다면 애플리케이션은 애드온으로 기능이 축소된다.

직접 기본 앱을 생성해 보자. 어떤가? 커피를 마시면서 잡담을 하거나 맥주를 마시는 것을 좋아하지 않는다면 당연히 그 방법을 위해 이 책을 구매했을 것이다.

 $SPLUNK_HOME 폴더는 사용자의 스플렁크 설치 폴더를 지칭한다. *nix 시스템일 경우, $SPLUNK_HOME의 기본 위치는 /opt/splunk일 것이다. $APP_HOME 폴더는 제작하고 있는 앱의 기본 폴더를 말한다. 이 폴더는 $SPLUNK_HOME/etc/apps 폴더 아래 위치한다.

이제 한 번 해보자! 아래 경고를 주의하라.

 나는 주로 *nix 환경에서 작업한다. 그래서 모든 명령어와 편집은 *nix 환경에서의 CLI를 통해서 이루어진다. *nix 환경이 아닌 사용자는 같은 개념의 작업을 윈도우 GUI로 할 수 있다. 윈도우 커맨드 프롬프트에서도 개발이 가능할 것이다.

시작해 보자! 다음 순서대로 한다.

1. 스플렁크 앱 폴더로 디렉토리를 변경한다.

    cd $SPLUNK_HOME/etc/apps

2. SDG 앱의 폴더를 생성한다.

    mkdir SDG

3. default 폴더를 생성한다.

    mkdir SDG/default

4. app.conf 파일을 편집한다.

    vi SDG/default/app.conf

5. 아래의 내용을 app.conf에 추가한다.

    ```
    ## SDG Application app.conf
    [install]
    ```

```
is_configured = 0
[ui]
is_visible = 1
label = Splunk Developer's Guide
[launcher]
author = Your Name
description = A Sample Description
version = 1.0
```

6. local 폴더를 생성한다.

```
mkdir SDG/local
```

7. metadata 폴더를 생성한다.

```
mkdir SDG/metadata
```

8. default.meta 파일을 편집한다.

```
vi SDG/metadata/default.meta
```

9. default.meta에 아래 내용을 추가한다.

```
## Application-level Permissions
[]
access = read : [ * ], write : [ admin, power ]
export = system
```

이게 전부다! 위의 순서를 따르면 최소한의 요구에 만족하는 설정만 가진 아주 기본적인 구조가 될 것이다. 앱 제작의 시작에 이 기본 구조를 사용할 것이고, 책을 진행하면서 설정들을 추가할 것이다.

지금까지 가능한 2가지 방법으로 앱을 생성하였다. 스플렁크 앱의 기본 구조에 대해 다시 참조할 때를 위해 각 폴더 구조[3]를 간단히 살펴볼 것이다. 예제 스플렁크 앱 Splunk Developer's Guide는 GUI를 통해 생성되었고 다음 구조를 가진다.

---

3 이 책의 저자는 설명시 폴더와 디렉토리를 구분하지 않고 혼용하였다. 이후 폴더와 디렉토리는 모두 같다고 간주한다.
  – 옮긴이

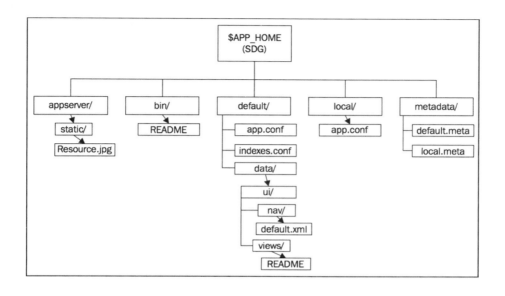

기본 구조

앱이 생성되었으니, 생성된 폴더들이 무엇을 포함하고 앱에서 어떻게 사용되는지 살펴보자. 살펴볼 대상들은 스플렁크 웹을 통해 생성된 앱의 폴더들이다.

appserver 폴더

appserver 폴더는 스플렁크 앱의 내부 작업에서 필요한 설정과 파일들을 포함한다. 아주 복잡한 앱의 경우, 추가적인 모듈과 MVC 컨트롤러(컨트롤러는 사용자와 시스템간의 연결을 제공한다)가 이 폴더에 저장된다. 이 책에서는 자바스크립트 및 CSS와 앱에서 필요한 다른 파일들을 포함하는 static 디렉토리에 중점을 줄 것이다.

bin 폴더

bin 폴더는 모듈 입력 및 스크립트 입력 그리고 별도로 개발된 명령어와 같은 바이너리 파일들을 포함한다. 그것들은 파이썬 파일, 셸 스크립트 및 파워셸 스크립트일 것이다.

default 폴더

default 폴더는 스플렁크 앱 제작이 완료되고 '앱 배포'가 될 때의 모든 설정과 뷰를 포함한다. 앱 배포를 위해 패키징할 때, local 폴더의 설정을 default 폴더로 이동해야 한다. 이는 앱 사용자가 설정의 내용을 덮어쓰기하는 것을 막는다. 이 폴더는 기본 탐색과 대시보드 파일도 포함한다.

local 폴더

local 폴더는 앱 사용자가 변경한 모든 설정과 뷰를 포함한다. 앱 개발자는 앱 사용자가 앱의 기본 설정을 변경된 설정으로 덮어쓰기할 수도 있기에 이 폴더에 설정을 포함해서 앱을 배포해서는 안 된다.

lookups 폴더

lookups 폴더는 설정에서 룩업으로 사용되는 모든 CSV 파일을 포함한다. 일반적으로, 변경되지 않는 룩업 파일만 포함해야 한다. HTTP 상태 코드나 윈도우 이벤트 ID 룩업 등이 해당된다. 저장된 검색으로 생성된 룩업을 포함하는 것은 좋은 사례는 아니다. 업데이트된 앱을 배포할 때 앱 사용자의 데이터에서 생성된 룩업으로 덮어쓰여지기 때문이다.

metadata 폴더

metadata 폴더는 앱의 권한을 포함한다. 모든 스플렁크 지식 객체는 누가 보고, 편집하고 사용할 수 있는지에 대한 권한을 가지고 있다. 그리고 그 권한들은 스플렁크 앱 디렉토리에 default.meta와 local.meta 2개 파일로 저장되어 있다. default.meta 파일은 앱 개발자가 스플렁크 지식 객체에 대해 제어하고자 하는 기본 옵션을 가진다. local.meta 파일은 앱 사용자가 자신의 환경에서 맞춰 수정한 권한을 포함한다.

static 폴더

static 폴더는 앱에서 사용되는 고정된 파일들을 포함한다. 이 폴더는 스플렁크베이스뿐만 아니라 스플렁크의 앱 리스트에서 보이는 앱 아이콘을 포함한다.

애플리케이션 데이터

이제 신규 앱을 생성하였으니 데이터가 어떻게 인덱스될지에 대해 시작할 수 있다. 일반적인 앱은 앱 자체에 인덱스, Source Type, 데이터 입력 방법들에 대한 설정을 포함하고 있다.

인덱스

인덱스는 신규 앱에서 아주 유용하다. 왜냐하면 인덱스는 물리적으로 스플렁크 인덱서[4] 디스크상에서의 데이터를 분리하게 하기 때문이다. 앱에서는 이렇게 분리된 인덱스에서 필요한 데이터만을 앱에서 검색하기 때문에 검색 속도를 높이고 매크로와 Event Type을 최적화하는 데 도움이 된다. 인덱스에 대한 설정은 default 폴더의 indexes.conf 파일에 한다. 만들고 있는 앱에 인덱스를 추가해보자. $APP_HOME/default/indexes.conf의 설정 내용은 다음과 같다.

```
[splunk_developers_guide]
coldPath = $SPLUNK_DB\splunk_developers_guide\colddb
homePath = $SPLUNK_DB\splunk_developers_guide\db
thawedPath = $SPLUNK_DB\splunk_developers_guide\thaweddb
```

이게 전부다! 인덱스 정의는 앱에서 사용하는 데이터를 최적화하는 빠른 방법이다. GUI를 통해서도 인덱스를 생성할 수 있다. 앱에서 사용되는 인덱스를 만들기 위해 현재 앱 컨텍스트 안에 있는 것을 확인하라. '앱의 컨텍스트 안에 있다'는 것은 웹 인터페이스에서 해당 앱으로 이동하는 것을 의미한다.

---

4 스플렁크 클러스터링 환경에서는 검색을 위한 서치헤더, 인덱싱을 위한 인덱서들로 구분되어 구성이 된다. 클러스터링 환경을 구성하지 않는다면, 검색과 인덱싱이 한 곳에서 이루어진다. – 옮긴이

그 후, 다음 화면처럼 **설정** 메뉴를 클릭하고 **인덱스**를 클릭한다.

새 인덱스를 클릭해서 새 인덱스 생성 페이지로 이동한다. 이 페이지에서 필요로 하는 항목들을 채운다(필요로 하는 항목은 인덱스 이름뿐이다). 그리고 다음 화면처럼 앱의 목적에 맞게 항목들을 변경한다.

인덱스가 생성되면, 이제 데이터를 인덱스에 추가할 수 있다. 생성된 인덱스를 활성화하기 위해 스플렁크를 재시작할 필요는 없다.

 인덱스를 생성하면 local 폴더의 설정을 default 폴더로 이동한다. 그리고 특이한 경로 이름을 수정한다(특수문자나 특정 위치를 제거한다). 이는 앱 사용자의 앱 설치를 돕는다.[5]

Source Type

Source Type은 빠른 검색이 가능하게 하기 때문에 스플렁크 앱에서 중요하다. Source Type은 인덱스된 데이터를 목적에 맞게 정의해 놓은 것이다.

앱이 설치될 때 앱 사용자의 환경에서 존재하는 Source Type과 충돌을 줄일 수 있도록 앱과 Source Type의 이름을 같게 해주는 것이 좋다. Source Type은 앱에서 수집되는 데이터를 다른 형태의 '조각'으로 구분하게 한다. 그래서 Source Type은 앱 개발자에게 데이터에 대해 높은 수준의 제어를 제공한다.

Source

Source는 수집되는 데이터가 있는 장소를 뜻한다. Source는 앱의 입력에서 확인되고 일반적으로 앱 개발자에 의해 제어된다.

가능한 스플렁크 지식 객체

앱에서 사용될 수 있는 많은 여러 가지 스플렁크 지식 객체들SKOs, Splunk Knowledge Objects이 있다. 앱에서 오직 필요한 SKO는 앱 사용자에게 보여줄 수 있는 뷰의 추가다. 간략하게 앱에 포함할 수 있는 여러 종류의 SKO들을 살펴볼 것이다. 그 SKO들에 대한 '나의 해석'과 관련된 논란을 피하기 위해, 공식 스플렁크 문서의 정의와 참고를 사용할 것이다.

---

5   이 방법은 GUI 방식으로 생성시 필요하다. – 옮긴이

매크로

명사

저장된 검색과 일반 검색을 포함하는 여러 검색에서 재사용될 수 있는 eval 문이나 검색용어처럼 검색이 파라미터화된 것이며 검색 명령어와 유사하게 사용될 수 있다. 검색 매크로는 아규먼트를 포함할 수 있지만, 필수사항은 아니다.

http://docs.splunk.com/Splexicon:Searchmacro에서 자세한 내용을 찾을 수 있다.

매크로는 GUI에서 **고급 설정**이나 앱의 macros.conf 파일을 통해 설정된다. 대시보드의 검색문이 바뀔 때 대시보드가 '다시 컴파일'될 필요가 있지만, 매크로는 그렇지 않기 때문에 대시보드의 검색문을 만들 때 아주 유용하다. 따라서 매크로를 참조하고 바로 매크로를 수정함으로써 대시보드를 빠르게 생성할 수 있다.

Event Type

명사

특정한 검색 문자열과 일치하는 모든 인덱스된 이벤트를 분류하고 표시를 할 수 있게 하는 지식 객체의 종류이다. Event Type은 이름과 이 이름을 사용하는 검색 문자열을 가진다.

http://docs.splunk.com/Splexicon:Eventtype에서 자세한 내용을 찾을 수 있다.

Event Type은 GUI의 **고급 설정**이나 앱의 eventtypes.conf 파일을 통해 설정된다. 스플렁크에서 검색시 '인증된 로그인'이나 '실패한 로그인'과 같이 데이터의 종류를 분류할 때 아주 유용하다. 검색 바에서 검색하는 데이터에 대해 연관된 Event Type의 데이터는 검색 결과 영역의 왼쪽 부분에 필드로서 보여진다.

태그

명사

효과적으로 특정 필드값을 포함하는 이벤트를 검색하는 지식 객체이다. Event

Type, host, Source, Source Type의 필드/값 조합으로 여러 태그를 만들 수 있다. http://docs.splunk.com/Splexicon:Tag에서 자세한 내용을 찾을 수 있다.

태그는 데이터를 보강하는 방법 중의 하나이다. 태그는 다른 Source Type, Source, host, Event Type 등을 통해 데이터를 분류하게 한다. 아주 세세하게 데이터를 검색하게 하는 태그는 GUI나 tags.conf를 통해서 생성된다.

저장된 검색

명사

나중에 사용하기 위해 사용자가 만들어 놓은 검색. 검색은 레포트, 경고, 대시보드 패널로 저장될 수 있다.

http://docs.splunk.com/Splexicon:Savedsearch에서 자세한 내용을 찾을 수 있다.

저장된 검색은 매크로 및 대시보드와 함께 사용될 때 아주 유용하다. 저장된 검색은 팀원들과 공유할 수 있으며 대시보드에서 반복적으로 사용될 수 있다. API를 통해 외부에서 스플렁크를 사용할 수 있다(예를 들어, Tableau는 연결 방법으로 저장된 검색을 사용한다). 저장된 검색은 GUI나 savedsearches.conf를 편집해서 생성될 수 있다.

대시보드

명사

앱과 연관된 뷰의 종류. 대시보드는 데이터 시각화로 데이터를 보여주는 1개 이상의 검색을 가지고 있다. 대시보드에서 패널은 데이터 시각화를 포함한다.

http://docs.splunk.com/Splexicon:Dashboard에서 자세한 내용을 찾을 수 있다.

대시보드는 앱과 관련된 모든 데이터 시각화를 보여주기 때문에 앱에서 핵심적이다. 대시보드가 없다면, 그 앱은 애드온이 된다. 대시보드는 앱에 특별한 위치에 있으며, 나중에 설명할 것이다.

룩업

명사

CSV 테이블이나 파이썬 스크립트로 일치하는 필드에 대해 필드와 관련된 추가적인 값을 검색 결과에 추가하는 지식 객체이다. 예를 들어, 데이터의 IP 주소나 호스트 이름에 대해 DNS나 리버스 DNS를 수행하는 룩업을 사용할 수 있다.

http://docs.splunk.com/Splexicon:Lookup에서 자세한 내용을 찾을 수 있다.

룩업은 '정적 데이터'나 '상태 데이터'로 데이터를 보강하는 데 도움이 된다. 호스트, 애플리케이션 등의 상태를 확인하기 위해 스플렁크를 사용할 수 있고, 그 상태 데이터를 룩업 파일에 넣을 수 있다. 이 룩업은 상태 대시보드의 빠른 로딩이 가능하게 한다. 룩업은 앱의 lookups 폴더에 있고, 일반적으로 CSV 파일이다.

설정

명사

스플렁크 설정 정보를 가지고 있는 파일(또는 conf 파일이라고 한다)을 말한다. 스플렁크는 설정 내용을 설정 파일에 저장한다. 설정 파일은 $SPLUNK_HOME/etc/system/default(미리 설정되어 있고 수정하지 않는다), $SPLUNK_HOME/etc/system/local 그리고 $SPLUNK_HOME/etc/apps를 포함하는 여러 디렉토리에 저장된다. 설정 파일의 스탠자 내용을 편집해서 스플렁크 설정과 프로세스를 설정할 수 있다.

http://docs.splunk.com/Splexicon:Configurationfile에서 자세한 내용을 찾을 수 있다.

설정 파일은 애플리케이션의 핵심이다. 설정 파일은 모든 SKO들이 어떻게 정의되고 필드들이 어떻게 추출되는지 등을 결정한다. 필요한 거의 모든 것들이 설정 파일에서 이루어질 수 있다.

객체 권한

객체 권한은 앱과 앱의 지식 객체를 보호하는 데 중요한 역할을 한다. 사실 시간을 투자하여 개발한 앱에 사용자가 문제를 일으키는 것을 원하지 않는다. 그렇지 않나? 맞다, 그것이 내 생각이다. 여기서 권한에 대한 그림이 그려진다. 스플렁크 권한은 롤 기반이다. 사용자는 지식 객체를 읽고 쓰기 위해 (스플렁크에서 할당이 되든 외부 인증 및 인가 시스템을 통한) 특별한 롤이 필요하다는 것을 의미한다. 권한은 앱의 metadata 폴더의 default.meta와 local.meta 파일에서 제어된다. 보통의 스플렁크 우선순위에 따라, local.meta 파일은 default.meta 파일에서 일치하는 스탠자의 설정을 덮어쓸 것이다.

해당되는 파일의 설정 구조는 다음과 같다.

```
[<object_type>/<object_name>]
access = read : [ <컴마로 구분된 롤의 리스트 >], write : [컴마로 구분된 롤의 리스트 >]
```

 이 구조에 대한 참고는 http://docs.splunk.com/Documentation/Splunk/6.3.1/ AdvancedDev/SetPermissions에서 찾을 수 있다.

좀 더 알아보자. 사실 말할 필요도 없다.

- object_type: 보호하고자 하는 SKO의 타입이다. 예는 저장된 검색, Event Type, 태그, 매크로, 뷰 등이다.

- object_name: 이 옵션은 필요하지 않다. 그래서 이것이 포함되면 오직 URL 방식으로 작성된 오브젝트 이름만 적용될 것이고, 나머지는 적용이 안 된다. 이 옵션을 빼면 권한은 모든 object_type에 적용될 것이다. 해당 예다. 검색 이름이 My First Search라고 하자. 그럼 이 파라미터는 My%20First%20Search일 것이다. 뭘 했는지 알겠는가?

- Access: 읽기든 쓰기든 어떤 설정도 가능하다. 컴마로 분리된 스플렁크 롤 이름을 간단하게 대괄호 안에 넣는다. 그러면 지식 객체를 읽고 쓰기의 권한을

가지게 된다. 어떤 롤이 스탠자의 읽기나 쓰기가 안 되면, 그 사용자는 그 객체에 어떠한 것도 가능하지 않다.

이제, CLI를 사용하지 않는 사용자을 위해 몇 가지 화면을 보자. 태그, Event Type 및 매크로 등의 몇 가지 예로 권한을 수정하는 방법을 시작할 것이다. 변경하기 원하는 객체를 보면, 아래 화면처럼 현재 권한과 링크로 된 **공유 중** 컬럼을 볼 수 있다. 링크를 클릭한다.

아래 화면처럼 객체의 **권한** 페이지로 이동할 것이다. 체크박스와 라디오 버튼을 사용하여 각 롤에 부여하고자 하는 접근 레벨을 선택한다. 권한이 없는 것은 그냥 빈 칸으로 체크박스를 남겨둔다.

설정이 완료되면, **저장** 버튼을 클릭한다. 설정이 저장될 것이다. 앱에서 얼마나 간단하게 권한을 설정할 수 있는지에 대한 설명이었다.

앱 설정 화면

제작된 앱이 다른 앱들보다 좀 더 다른 기능을 가지거나 서비스 연결을 위해 OAuth 인증 지원이 필요하다고 하자. 그렇다고 그 기능들 때문에 파일시스템이 지저분해 지는 것은 원하지 않을 것이다. 그럼 무엇을 해야 하나? 그 대답은 바로 앱 설정 화면이다. 앱 설정 화면에서 앱의 엔드포인트와 SKO가 연결되는 설정을 한다. 앱 사용자는 저장된 검색을 활성 및 필요가 없다면 비활성화할 수 있고, 인증 입력 그리고 몇 가지 방법으로 설정 파일과 연동할 수 있다. 다음 설명에서, 먼저 REST 엔드포인트(CLI가 필요하다)를 생성하고 그 이후에 그 엔드포인트와 연동하는 설정 파일을 만들 것이다.

엔드포인트

먼저 엔드포인트를 살펴보자. 우리가 만들 엔드포인트는 애플리케이션의 커스텀 설정 파일을 만들고 연동하기 위해 사용될 것이다. 나중에 앱의 모듈 입력을 생성할 때 이 설정 파일을 사용할 것이다. 커맨드라인에서 하나씩 해보자. 윈도우 사용자들은 같은 결과물을 위해 노트패드와 GUI를 사용할 수 있다.

1. $APP_HOME/default로 이동한 후 다음 명령어를 실행한다.

   ```
   vi restmap.conf
   ```

2. 다음 내용을 입력한다.

   ```
   [admin:sdg]
   match=/sdgep
   members=conf
   [admin_external:conf]
   handlertype = python
   handlerfile = sdgHandler.py
   handleractions = list, edit
   ```

   이 파일은 REST 엔트포인트를 관리한다. 추가된 엔드포인트는 https://splunk.my.domain:8089/services/sdgep/에 위치할 것이다. match의 값이 URL에서의 sdgep 엔드포인트와 일치하는 것에 주목하라. 다음으로, members

값은 엔드포인트의 '하위'에 어떤 스탠자들이 있고 접근할 수 있는지 정의한다. external 스탠자는 엔드포인트의 각 핸들러(여기서는 파이썬만)와 관련된 액션과 파이썬 파일을 정의한다. 다음 명령어를 실행한다.

vi sdgsetup.conf

3. 다음 내용을 입력한다.

```
[sdg_config]
apikey =
```

이 내용은 엔드포인트에 대한 기본 설정 파일을 설정한다.

4. $APP_HOME으로 이동하고 다음 명령어들을 실행한다.

mkdir bin
cd bin
vi sdgHandler.py

5. 다음 내용을 입력한다(파이썬 코드이며, 들여쓰기가 정확한지 확인한다).

```python
import splunk.admin as admin
import splunk.entity as en
class ConfigApp(admin.MConfigHandler):
  def setup(self):
    if self.requestedAction == admin.ACTION_EDIT:
      for arg in ['apikey']:
        self.supportedArgs.addOptArg(arg)

  def handleList(self, confInfo):
    confDict = self.readConf("sdgsetup")
    if None != confDict:
      for stanza, settings in confDict.items():
        for key, val in settings.items():
          if key in ['apikey'] and val in [None, '']:
            val = ''
          confInfo[stanza].append(key, val)

  def handleEdit(self, confInfo):
    name = self.callerArgs.id
    args = self.callerArgs
```

```
    self.writeConf('sdgsetup', 'sdg_config', self.callerArgs.data)

  admin.init(ConfigApp, admin.CONTEXT_NONE)
```

6. 이 파이썬 코드는 간단한 파일 스크립트이다. 스플렁크 우선순위와 default/ local에 따라서 sdgsetup.conf 파일을 열고, 내용을 수정할 것이다. 사용자는 그 파일의 내용을 포함하는 폼(setup.xml)을 사용할 것이다. 이 소스는 2개의 액션(이름이 의미하는대로 수행하는) list와 edit를 지원한다.

셋업 파일

이제 커스텀 엔드포인트가 준비되었다. setup.xml 파일을 확인하고 작성하자. setup.xml 파일은 default에 위치한다. 지금 작성할 셋업 페이지는 나중에 모듈 입력에서 사용할 API 키에 대한 설정만 포함할 것이다. 그러나 이 책을 진행하면 서 이 파일에 추가되는 사항을 계속 확인하라.

1. 다음 명령어들을 실행한다.

cd $APP_HOME/default
vi setup.xml

2. 다음 내용을 입력한다.

```
<setup>
  <block title="Authentication" endpoint="sdgep/conf" entity="sdg_config">
    <input field="apikey">
    <label>The APIKey for meh.com api</label>
      <type>text</type>
    </input>
  </block>
</setup>
```

위 코드 내용에 대해서 알아보자. setup.xml 파일은 <setup>으로 시작해야 한 다. 그 <setup> 안에 설정을 위한 엔드포인트와 엔티티의 '블록'들을 추가할 수 있다. 위 코드에서 (sdgHandler.py 파일에서) 얻어지는 내용이 원하는 엔티티가 된 다. 또한, 이 파일의 엔드포인트는 restmap.conf 파일의 member 항목의 conf를 포함하여 match 항목과 일치해야 한다. 그러므로 블록 태그의 엔드포인트 속성은 endpoint/member의 형식을 가지게 된다. (이 예제에서) 엔티티는 이 앱에서 설정을 갖는 파일의 스탠자이다. 입력 태그로 스탠자의 수정하고자 하는 설정을 지정할 수 있다. 이 스플렁크 앱의 첫사용시 API 키 입력을 받고자 하는 setup.xml의 화면으로 이동한다.

Authentication
The APIKey for meh.com api

```
YOUR_API_KEY
```

취소   저장

사용자가 이 폼을 작성하고 저장하면, 앱이 '설정되었다'고 한다. 그리고 이 저장된 내용은 local/app.conf 파일에 반영된다.

요약

2장에서 스플렁크 앱을 만드는 여러 방법들을 살펴보았다. 앱을 만들기 위해서는 웹으로 하는 방법과 CLI로 하는 방법, 2가지 기본 방법이 있다. 스플렁크 앱의 구조와 각 폴더들이 무엇이고 무엇을 포함하는지 살펴보았다. (모두는 아니지만) 스플렁크 앱에 포함될 수 있는 객체의 종류들도 살펴보았다.

권한 및 권한부여의 2가지의 다른 방법들도 논의하였다. 설정을 다루기 위한 REST 엔드포인트를 구성하는 방법뿐만 아니라 사용자가 앱의 설정을 추가 및 변경할 수 있는 설정 화면도 살펴보았다. 다음 장에서 Event Type과 워크플로 및 몇 가지 가속화 방법들로 앱을 보강하는 방법들을 알아볼 것이다.

3
애플리케이션 개선

3장에서 엘리먼트, 워크플로, Event Type, 태그, 매크로, 데이터 모델 등을 사용해 스플렁크 앱을 강화하는 방법에 대해 다룰 것이다. 그것들이 반드시 앱에 필요한 것은 아니다. 하지만, 그것들을 사용하면 앱 사용자들과 고객들에게 확실하게 앱의 매력을 보여줄 수 있을 것이다. 사용자의 마음에 기억될만한 요소를 추가하면 앱에 대한 인상을 좋게하고 앱을 빛나게 할 것이다. 우리는 데이터를 다루면서 시작할 것이다. 그 후 커스텀 로고, 내비게이션, CSS 오버라이드, SimpleXML 대시보드를 개선하면서 앱을 보강하는 것을 다룰 것이다. 3장은 스플렁크 가속화 테크닉 사용법과 커다란 데이터셋에서 검색 속도를 높이는 방법을 살펴보면서 마무리할 것이다. 데이터를 다루면서 진행을 할 때, 예제 데이터와 실제 데이터를 사용할 것이다. 사용될 데이터는 https://meh.com/ 웹사이트에서 얻는다. 해당 사이트는 API를 가지고 있고, 스크립드 입력을 통해 매 5분마다 데이터가 수집된다. 이 데이터는 다양한 기능을 강조하고자 하는 몇 가지 예제와 대시보드에서 기본적으로 사용된다. 데이터보다 더욱 더 중요한 것은 개념을 잡는 것이다. 개념을 파악하라. 소프트웨어를 지배하라.

워크플로

워크플로는 데이터를 통합하며 사용자가 데이터를 좀 더 빠르게 이해하거나 다른 서비스와 쉽게 통합하는 것을 도울 수 있게 설계되어 있다. 워크플로는 요청되어 미리 탐색된 데이터와 함께 스플렁크 대시보드에서 세부적으로 확인하게 하며 이벤트의 IP 주소에 대한 nslookup 수행, 외부 티켓 추적 시스템에서의 티켓 오픈 확인이나 이벤트에서 찾아진 데이터에 대해 외부 검색을 실행시킬 수도 있게 사용될 수 있다. 워크플로는 작업중인 이벤트에 인라인으로 표시된다. 모든 개별 이벤트에 적용될 필요가 없다. 대상이 되는 이벤트나 필드들이 나열될 때만 나타나도록 워크플로를 제한할 수 있다. 워크플로는 웹이나 설정 파일을 통해 설정될 수 있다.

웹 인터페이스에서 직관적으로 워크플로를 만들 수 있다. Splunk Developer's GuideSDG 앱의 기능으로써 샘플 데이터에서 찾아진 src_ip 필드의 IP 주소에 대해 리버스 DNS 룩업을 수행하기 위해 http://mstoolbox.com/ 웹사이트에 접속하는 워크플로를 만들 것이다. 첫 번째 단계는 워크플로에 대한 설정화면으로 이동하는 것이다. 스플렁크 화면의 오른쪽 윗부분을 보자. 다음 화면에서 보여지는 것처럼 **설정 > 필드 > 워크플로 작업**을 선택하면서 이동하라.

필드

필드 추출에 대한 권한을 보거나 편집 및 설정합니다. 이벤트 워크플로 작업 및 필드 별칭을 정의합니다. sourcetype 이름을 변경합니다.

유형	작업
필드 별칭 필드 이름을 편집하거나 하나 이상의 별칭을 추가합니다.	새로 추가
계산 필드 하나 이상의 계산 필드를 편집하거나 추가합니다.	새로 추가
필드 추출 모든 필드 추출을 보거나 편집합니다. 새 필드 추출을 추가하고 권한을 업데이트합니다.	새로 추가
필드 변환 변환을 사용하는 필드 추출에 대한 변환을 편집하거나 추가합니다.	새로 추가
Sourcetype 이름 변경 source type 이름을 변경합니다. 다중 source type이 동일한 이름을 공유할 수 있습니다.	새로 추가
워크플로 작업 워크플로 작업 편집 또는 추가	새로 추가

새로 추가 화면으로 가기 위해 **새로 만들기**를 클릭한다. 이제 다음 화면처럼 작성할 폼이 나타난다. 이제 이런 양식은 익숙할 것이다. 자, 이제 확인해보자.

이름만으로도 설명되도록 이름을 입력한다. 이 이름은 웹 인터페이스에서는 나타나지 않는다. **레이블** 항목이 그 역할을 한다. **레이블** 항목에서 그 데이터와 연관된 변수들을 넣을 수 있다. 그래서 src_ip=75.75.75.75인 이벤트를 가지고 있다면 그 레이블은 75.75.75.75를 찾아볼 수 있게 확장될 것이다. 다음 항목은 워크플로가 이벤트의 어떤 필드에서 보여져야 할지 지정한다. Event Type 항목도 같은 역할을 한다. **작업 표시** 드롭다운 메뉴는 메뉴 선택 아이템이 어디서 보여질지를 선택한다. **작업 유형** 드롭다운 메뉴는 **링크**나 **검색** 옵션을 가진다. **링크**는 스플렁크가 데이터를 기반으로 새로운 검색을 수행하기 원할 때만 선택하지 않는다. 위 항목들이 입력되면 실제 필요한 항목을 설정할 수 있다. 이 예제에서 필요한 URL은 http://mxtoolbox.com/SuperTool.aspx?action=ptr%3asrc_ip
이고, 자동으로 샘플 데이터에 기반하여 http://mxtoolbox.com/SuperTool.
aspx?action=ptr%3a75.75.75.75로 확장될 것이다.

나머지 항목은 새 창과 get 설정으로 마무리한다. 이제 워크플로 설정이 완료되었
다. 워크플로 생성 후에 **이 앱만**으로 권한을 변경한다. 다음 화면에서 볼 수 있는 것
처럼 모든 사용자는 읽을 수는 있으나 오직 관리자만 쓸 수 있다.

이름 ‡	소유자 ‡	App ‡	공유 중 ‡
MXToolBox Reverse DNS Lookup	admin	SDG	App | 권한

설정 파일로 워크플로를 구성하는 것은 아주 쉽다. 특정 필드에 구글 서치를 만들
어보자. $APP_HOME/default로 이동하고 workflow_actions.conf 파일을 수정
하라. 아래의 내용을 이 파일에 새로운 스탠자로 입력하라.

```
[Google Search]
display_location = event_menu
fields = site, topic
label = Google $topic$, restrict to $site$
link.method = get
link.target = blank
link.uri = https://www.google.com/?q=site:$site$+$topic$
type = link
```

위 설정은 샘플 데이터에서 볼 수 있는 것처럼 $site$ 웹사이트로 제한된 구글 검
색을 사용한다는 것을 제외하면 DNS 룩업 워크플로가 하는 것과 정확히 같은 동
작을 수행한다. 이 워크플로는 site와 topic 필드를 가진 이벤트에만 적용될 것이
다.

데이터 강화

당연히 데이터 강화라고 이야기하면 보통 데이터을 분리하고 변경할 수 없게 저장
하는 것을 의미하는 것일 수도 있다. 아니다! 그렇게 보호가 필요한 데이터는 여기

에 없다. 데이터 강화enriched data라는 용어는 원시 데이터에 특별한 문맥을 추가하는 것을 의미한다. 따라서, 데이터는 내용이 강화된다. 이제 Event Type, 태그, 매크로를 다룰 것이다.

Event Type

Event Type은 유사한 이벤트들을 카테고리별로 분류하기 위해 사용된다. 이벤트의 분류는 빠르게 대량의 데이터에서 검색 및 패턴을 찾거나 특정 경고나 검색들을 생성할 수 있도록 도움이 되기 때문에 중요하다. GUI 및 커맨드라인을 이용하여 사용자가 정의하거나 앱에 미리 정의할 수 있다. Event Type은 권한부여가 가능하며, 특정 롤에 보기 및 수정권한을 줄 수 있다. 정의된 Event Type은 GUI에서 검색하는 동안 사용자의 필드 리스트에 보여진다. 또한 일반 필드처럼 수정되거나 검색될 수 있다. Event Type은 스플렁크 검색을 통해 정의된다. Event Type을 생성해 보자. 우리가 사용할 데이터는 이전에도 이야기한 것처럼 meh.com API로부터 수집된다. 데이터는 JSON 형식으로 되어 있다.

이 섹션을 작성할 때, 그 날의 거래는 선글라스와 함께 JBL 스피커독이었다. 금요일에 meh.com에서 운영되는 위트가 있다. 그들은 그날 오직 스피커독만 판다. 그래서 speaker_dock으로 이 거래를 분류해 보자. 모든 스피커독이 팔리면 speaker_dock[1]으로 분류만 빠르게 제외할 수 있다. 정말 스피커 독을 사는 사람들이 있는가?

Event Type 생성에는 3가지 방법이 있다. 첫 번째는 이벤트에서 직접 만드는 것이다. 검색을 실행하여 이벤트들을 **이벤트** 탭에서 나열한다. **시간** 컬럼의 왼쪽에 해당 이벤트를 확장하는 화살표가 있다. 확장이 되면 Event Type 작성 옵션을 가진 **이벤트 작업** 버튼이 있다.

---

1 저자는 Event type 생성의 예로써 speaker_dock을 다룬다. 이 책을 읽으면서 실제로 수집된 데이터가 speaker_dock이 아닐 수도 있다. 수집된 데이터의 내용에 맞게 변경하길 바란다. – 옮긴이

그것을 클릭하면 Event Type 편집기가 열릴 것이다. 스플렁크는 자동으로 Event Type의 부분으로써 포함할 몇몇 필드값들을 제안할 것이다. 또한, 샘플 이벤트도 보여줄 것이다. 윗부분에서 **편집** 버튼을 볼 수 있다. Event Type으로 사용하기를 원하는 것을 명확하게 정의하게 한다. 아니면 왼쪽의 체크박스들을 사용할 수 있다. 텍스트박스를 각각 클릭하면 샘플 이벤트 리스트를 재작성할 것이다. 변경된 이벤트 리스트는 윗부분에 생성된 Event Type과 일치한다. 우리는 이미 스피커 박스를 찾고 있다는 것을 알고 있기 때문에 아래처럼 Event Type을 수정해보자.

```
index=splunk_developers_guide sourcetype=meh "speaker dock"
```

저장을 클릭 후, 이름, 스타일, 우선순위를 입력하게 된다. **저장**을 또 한 번 클릭한다. 아래 화면의 내용으로 스플렁크 앱에 Event Type이 저장된다.

Event Type이 저장되면 검색을 다시 실행한다. 필드리스트에서 나열된 Event Type을 보게 될 것이다. 그 필드를 클릭하면 그 필드 값에 대한 몇 가지 통계정보를 볼 수 있다.

 검색 결과의 모든 이벤트 중 Event Type에 해당되는 것들만 Event Type의 개수로서 집계된다. 그래서 5분마다 수집이 되면, 5분마다 새로운 Event Type의 값을 가지게 될 것이다.

Event Type을 생성하는 2번째 방법은 관리 화면에서 직접 만드는 것이다. **설정 ➤ Event types**로 이동하고 **새로 만들기**를 클릭한다. meh는 가끔 Roomba(robot vacuums[2])도 행사를 한다. 그래서 행사 물품만 찾기 위한 경우 그 항목에 대한 Event Type을 생성하자. **새로 만들기**를 클릭하면 채울 항목이 있는 화면이 나온다. 아래 화면과 같이 자세한 사항을 기입하고 **저장**을 클릭한다. 지금은 태그 필드는 다루지 않지만 곧 그 태그를 논의할 것이다.

웹 인터페이스를 사용하여 Event Type을 생성하는 법들을 알아보았다. 가능한 다른 방법은 (웹 인터페이스를 통한 설정이 저장된) 설정 파일을 사용하는 것이다.

---

2 speaker_dock과 마찬가지로 이 항목의 이름은 데이터에 따라 다르게 줄 수 있다. – 옮긴이

이 파일은 당연히 eventtypes.conf이다. 다른 설정 파일에 한 것과 같은 방법으로 Event Type을 정의한다. Event Type의 이름을 가진 스탠자와 새로운 Event Type과 일치하는 스플렁크 검색을 가지는 속성이 있다.

"Eureka Vacuum"에 대한 Event Type을 만들어보자. 다음과 같은 내용을 eventtypes.conf에 추가한다.

```
[eureka]
search = index = splunk_developers_guide sourcetype = meh eureka vacuum
```

파일을 저장하고, 설정을 리로드한다.

 직접 설정 파일을 편집할 때마다 디버그 엔드포인트를 리로드해야만 한다.

이 설정 리로드reload 방법은 브라우저에서 URL을 실행하는 것만큼 쉽다. URL은 https://⟨splunk server 주소⟩/ko-KR/debug/refresh이다. 규모가 큰 시스템에서는 시간이 좀 필요할 수도 있는 것에 주의하라.[3]

 URL에 ?entity=⟨entity⟩를 추가함으로써 새로고쳐지기를 원하는 엔드포인트를 지정할 수 있다. 여기서 ⟨entity⟩는 지원되는 리스트 중에 하나이다. debug/refresh 엔드포인트를 로딩하여 간단히 그 리스트를 확인할 수 있다. Event Type에 대해서만 리로딩하는 URL은 https://⟨splunk server 주소⟩/ko-KR/debug/refresh?entity=admin/eventtypes이다.

설정 리로드가 완료되면 웹에서 Event Type 관리 화면으로 이동한다. 우리가 지금까지 만든 3개의 Event Type을 볼 수 있을 것이다. 혹시 권한이 어떻게 다른지 알아차렸는가? 웹 인터페이스를 통해 지식 객체를 생성하면 그 객체는 사용자 레벨의 권한을 상속할 것이다. 커맨드라인에서 생성하면 그 객체는 (default.metadata에 지정된) 그 앱의 기본 권한을 상속할 것이다. 지금은 이 권한에 대해서 신경 쓰지

---

3 스플렁크가 설치시 OS의 로케일에 따라 언어가 선택된다. 번역시 사용한 OS가 한국 로케일이었기에 주소에 ko-KR이 반영되었다. - 옮긴이

않아도 된다. 그 권한은 우리가 배포를 위해 앱을 패키징할 때 변경될 것이다.

이름 ⬍	검색 문자열 ⬍	태그 ⬍	소유자 ⬍	App ⬍	공유 중 ⬍
eureka	index = splunk_developers_guide sourcetype=meh eureka vacuum		소유자 없음	SDG	전역 | 권한
rooma	index = splunk_developers_guide sourcetype = meh roomba		admin	SDG	비공개 | 권한
speaker_dock	index=splunk_developers_guide sourcetype=meh "speaker dock"		admin	SDG	비공개 | 권한

잘 진행되고 있다! Event Type은 더 빠른 데이터 검색과 통계가 가능하게 하며, 데이터를 분류하는 데 도움이 될 것이다. 각 상황에 따라 Event Type을 만들어 사용한다. 이렇게 Event Type을 정의하는 것은 데이터에 대한 이해를 필요로 한다. 그러나 만약 아니라면? 해당 환경에서 데이터가 새로운 것이거나 새로운 종류의 데이터라면 Event Type을 찾을 수 있게 스플렁크를 사용할 수 있다. 자세히 그 방법을 다루지 않을 것이다. 그러나 몇몇 샘플 데이터와 몇가지 제안된 태그로 그 결과를 만드는 명령어는 있다.

```
index=splunk_developers_guide sourcetype=meh | typelearner
```

typelearner 명령어는 데이터, 데이터와 연결된 Event Type과 통계 정보 그리고 제안하는 태그로 된 테이블을 출력한다. 이제 태그로 이동해보자!

태그

태그는 데이터를 분류하고 정규화하는 데 도움을 주는 지식 객체이다. 태그는 <필드>=<값> 형태로 사용될 수 있다. 태그는 스플렁크 공통 정보 모델CIM, Splunk Common Information Model과 함께 사용될 때 특별히 유용하다. CIM은 데이터를 정의하고 분류하는 태그들의 표준 모음을 포함한다. 대부분의 스플렁크에 제공되는 앱은 CIM을 준수하고 생성되는 앱들 또한 CIM을 준수해야 한다.

 CIM 준수는 정규화 방법으로서 스플렁크가 제공하는 Common Information Model을 참조하는 것이다. 더 자세한 사항은 https://apps.splunk.com/app/1621/을 참고하라.

태그는 몇 가지 방법으로 생성된다. 스플렁크 6.3은 관리화면뿐만 아니라 검색 결과 태그 생성 방법은 지식 객체를 만드는 표준 방법을 사용하기 때문에 따로 태그 생성 화면을 보지 않을 것이다(태그 관리자는 **설정** 아래 태그에 있다). 대신 커맨드라인과 검색 결과에서 생성하는 법을 알아보자. 우리는 meh.com에서 수집된 데이터를 검색하고 speaker dock에 대한 이벤트를 생성하였다. 필드리스트를 찾다 보면 태그는 필드-값 조합으로 생성되기 때문에 각 필드의 오른쪽에 드롭다운 화살표가 보인다. 화살표를 클릭하면 **태그 편집**이 나타나고, 이어서 또 다른 창을 보여준다.

태그는 실제로 콤마 및 스페이스로 태그들을 구분한 어떠한 텍스트도 될 수 있다. 여기서는 막 생성한 Event Type speaker_dock에 태그해보자. 먼저 speaker라고 태그할 것이다. 이것은 단지 speaker dock만이 아니라 speaker를 참고할 수 있는 어떠한 것을 추상화하는 태그이다. 두 번째로 useless로 태그할 것이다. 왜냐하면 실제로 유용하지 않다고 생각하기 때문이다. 음악을 한 장소에서만 듣는가?

태그를 저장하면 태그들은 검색 결과에서 관련된 필드 값 옆에 보일 것이다. 어떤 태그가 어떤 필드 값 조합에 할당되었는지 알 수 있는 빠른 방법이다.

| ✓ | eventtype ∨ | speaker_dock (speaker useless) | ∨ |

설정 파일의 구조는 태그의 경우 약간 다르다. 스탠자는 필드-값의 짝으로 이루어지고 속성은 활성화된 태그 이름이다. Roomba에 대해 하나 만들어 보자. Roomba는 로봇의 종류이다. 그래서 robot이라 태그하자. 설정은 tags.conf 파일에 저장된다. (default 폴더 안의) 설정 파일에 아래의 내용을 추가하라.

```
[eventtype=Roomba]
robot = enabled
```

엔드포인트를 새로고침하는 것을 잊지 마라. 이 새로고침 과정은 설정 파일에서 변경된 사항을 바로 반영할 것이다. 이제 로봇과 관련된 상품에 관심이 있다면 간단히 로봇 태그를 검색할 수 있다.

```
index=splunk_developers_guide sourcetype=meh tag=robot
```

이 검색은 로봇으로 태그된 어떠한 필드-값 조합을 찾을 것이다. 그래서 상품에 더욱더 많은 태그를 추가함으로써 검색, 경고, 대시보드는 자동으로 그 상품들을 포함할 것이다.

매크로

다음은 매크로이다. 매크로는 스플렁크 검색이 실행될 때마다 재사용될 수 있는 검색이다. 매크로는 evals, 파이프 명령어 아니면 검색 용어를 포함하는 어떠한 검색을 포함할 수 있다. 아규먼트도 사용할 수 있다. 전달된 아규먼트는 문자열 및 필드일 수 있다. 필드가 전달되면 그 필드가 확장될 때 그 결과값이 아규먼트로 매크로에서 사용된다. 매크로는 '평가' 매크로일 수도 있다. 이 경우 엄격하게 평가를 수행하고 그것을 호출한 검색에 문자열로써 결과를 반환한다. 예를들어 대역폭을 계산할 때 유용하다. 매크로는 앱의 '기본 검색'을 구성할 때 유용할 수도 있다. 기본 매크로의 등록 및 내부 검색, 레포트, Event Type 등에서 매크로를 사용하면 앱 사용자는 빠르고 간단히 매크로를 변경하므로써 사용자의 환경에 맞게 앱을 사용할 수 있다. 여기서는 meh.com 데이터에 대한 기본 매크로를 만들것이다. 매크로 관리자는 **설정 > 고급검색 > 검색매크로**로 이동해서 찾을 수 있다. 그 관리자에서 **새로 만들기** 버튼을 클릭한다. 입력이 필요한 화면을 보여준다! 패턴을 파악하기 시작했는가? 이제 채워보자!

이름은 아규먼트가 포함된 경우를 제외하고는 말 그대로 이름 입력이다. 매크로에 이름을 입력할 때 아규먼트를 사용한다면 그 이름은 괄호로 된 아규먼트 숫자를 포함해야 한다. 예를 들어 meh_base가 1개의 아규먼트를 가지면, 그 이름은 meh_base(1)일 것이다. 정의는 매크로가 호출될 때 실행되기 원하는 검색 문자열이다. 위의 화면에서 매크로 정의는 meh.com의 기본 데이터를 검색한다. 간단하다. 나머지 필드는 평가 관련 정의들이다. 설정 파일에서 직접 그것을 정의할 것이다. **저장**을 클릭하면 성공적으로 지식 객체가 저장된다. 관리 화면에서 저장된 매크로를 볼 수 있을 것이다. 일단 매크로가 생성되면, 검색 객체로 매크로를 호출할 수 있다. 문법은 다음과 같다. `backticks(``)` 사이에 매크로의 이름을 넣는다. 그 후 이 매크로는 `` `meh_base` ``로 참조될 것이다. 끝이다. 매크로는 실행되는 검색에 확장되고 추가될 것이다.

매크로는 위치에 따라 확장된다. 그래서 검색 문자열에서 위치가 중요하다. `meh_
base` earlist=@d 매크로와 earliest=@d `meh_base` 매크로는 매크로의 정의
에 따라 그 의미가 다르다. 예를 들어 매크로가 어떠한 추가적인 명령어를 포함하
고 있으면 검색어 다음에 매크로를 위치시키는 것이 필요하다. 2번째 방법은 설정
에서 평가-기반 매크로를 생성하는 것이다. 이 매크로는 다루고 있는 데이터에서
판매 중인 현재 항목의 가격을 얻고 (3장을 쓰고 있는 시점의 환율을 기반으로) 캐나다
달러로 바꿀 것이다. 자 한 번 해보자! 캐나다인은 아주 쿨하다! 하키, 메이플시럽,
컬링, 그리고 크리스 해드필드를 의미한다. 더 말할 필요가 있나? 매크로 설정은
macros.conf 파일에 저장된다. 정의는 따옴표로 감싸주어야 하는 것에 주목하라.
이는 스플렁크가 평가-기반 매크로가 필요한 검색에 문자열로 결과를 반환한다는
것을 뜻한다.

```
[mehToCA(1)]
iseval = true
args = price
definition = "$price$ * 1.24"
```

설정 파일이 변경되었기 때문에 이번에도 새로고침하는 것을 잊지 마라. 이 변경
에 대한 엔드포인트는 admin/macros이다. 이 엔드포인트가 새로고침되면 다음
과 같이 검색에서 매크로를 사용할 수 있다.

```
`meh_base` earliest=@d | rename deal.items{}.price AS price | eval
canadianPrice = 'mehToCA(price)'
```

3장을 작성시 샘플데이터를 사용한 필드 결과는 canadianPrice = 22.32였다. 매
크로는 아주 강력하고, 아주 긴 길이의 검색을 좀 더 짧은 검색으로 줄일 수 있다.
이는 해당 검색을 읽고 편집하는 것을 간단히 만든다. 매크로로 데이터 변형과 추

출의 다양한 측면을 다룸으로써 빠르게 팀이나 스플렁크 앱 안에서 공유할 수 있다. 1개의 매크로를 바꿈으로써 그 매크로를 사용하는 모든 인스턴스들에게도 그 변경된 사항이 반영될 것이다.

룩업

어찌 룩업을 다루지 않을 수 있겠는가? 룩업은 단지 룩업 그 자체이다. 룩업은 파일이거나 외부 스크립트의 형태일 수 있다. 룩업은 자주 바뀌지 않거나 너무도 데이터가 커서 계속해서 인덱스하기 어려운 정적 데이터를 찾는 수단을 제공한다. 예를들어, 액티브 디렉토리 사용자 정보, HTTPS 상태 코드, 오라클 액션 ID와 그에 대한 설명들이 룩업 형태로 가능할 것이다. 앞으로 생성할 예제 룩업은 존재하는 데이터에서 만들어 질 것이다. 룩업을 설정하고 룩업을 읽고 쓰는 법을 알려줄 것이다. 외부 룩업을 논의하겠지만 스플렁크에 내장되는 룩업을 사용할 것이다. 그것은 잘 사용하지 않기 때문에 answers.splunk.com에서 종종 질문된다.

먼저 룩업에 무엇을 저장할 것인지 결정해야 한다. 우리는 지난 30일간 https://meh.com의 상품에 대한 통계정보를 빠르게 얻을 수 있기를 원한다. 30일동안에 대한 각 이벤트를 검색하는 것은 특히 커다란 데이터셋의 경우에 시간이 걸릴지도 모른다. 그래서 존재하는 데이터로부터 룩업을 생성하고 대시보드에서 나중에 그것을 사용하기를 원한다. 지금 대시보드를 생성하지 않을 것이다. 그러나 스케줄된 저장된 검색을 생성할 것이다. 룩업을 정의하면서 시작해보자. 룩업을 만들기 위해 웹으로 하는 방법과 설정 파일로 하는 방법 2가지가 있다. 웹 인터페이스로 진행하고 만들어진 룩업에 대한 설정 파일을 살펴볼 것이다. **설정 > 룩업**으로 이동한다. 그 화면에서 몇 가지 옵션을 볼 것이다. 존재하는 룩업이 있다거나 신규 파일 등록을 원하면 **룩업 테이블 파일**을 선택한다.

자동 룩업은 이벤트의 필드에 기반하여 자동으로 가능한 데이터를 찾아 설정을 추가하기 위해 사용된다. 예를 들어, IIS 로그를 보고 있다면, 이벤트의 상태 코드 설명을 자동으로 룩업할 수 있고 필드 리스트에서 미리 보여준다. 룩업을 위해 우선 필요한 것은 포함될 정보를 위한 파일을 생성하는 것이다. **룩업 테이블 파일**을 선택하라. 그리고, **새로 만들기**를 선택한다. 시작할 파일을 선택해야 한다. 예제에서는 다음 내용을 가진 간단한 CSV 파일을 사용했다.

```
product_id, product_price\r\n
```

\r\n 부분은 입력하지 않는다. 단지 룩업 파일에 라인 구분자가 있다는 것을 확실히 하는 것이다. 이 파일을 meh_products.csv로 저장한다.

대상 앱 *
SDG

룩업 파일 업로드
파일 선택   📄 meh_products.csv

일반 텍스트 CSV 파일, gzip된 CSV 파일 또는 KMZ 파일을 선택하십시오.
브라우저를 통해 업로드할 수 있는 최대 파일 크기는 500MB입니다.

대상 파일 이름 *
meh_products.csv

Splunk 서버에서 이 룩업 테이블 파일의 이름을 입력하십시오. gzip된 CSV 파일을 업로드
사용하는 것이 좋습니다. KMZ 파일의 경우 ".kmz"로 끝나는 파일 이름을 사용하는 것이 좋

저장된 파일을 선택하여 업로드하고 그 파일 이름과 같이 대상 파일 이름을 입력하라. 마지막으로 **저장**을 클릭하라. 그 파일이 파일 시스템으로 업로드되고 룩업 정의 화면 관리에서 사용이 가능하다.

늘 그렇듯, 앱 레벨로 권한을 설정하는 것이 필요하다. 그래야 설정들이 사용자의 폴더 안에 저장되지 않는다.

이제 룩업 정의 화면으로 이동하라. 이동 후, **새로 만들기** 버튼을 클릭한다. 다른 지식 객체들처럼 SDG 앱 컨택스트 안에 있는 것을 확인하라. 이름을 입력한다. 여기서는 meh_products를 사용했다.

대상 앱 *
SDG

이름 *
meh_products

유형 *
파일 기반

룩업 파일 *
meh_products.csv

룩업 테이블 파일를 만들고 관리합니다.

이 이름은 저장된 검색에서 사용될 것이다. 금방 업로드한 룩업 파일을 선택한다. 그리고 저장을 클릭한다. 새로 생성한 상품을 위한 룩업 설정을 생성하고 리로드 reload한다.

커맨드라인에서 룩업을 생성하고자 할 수도 있다. 이 방법도 아주 간단하다. $APP_HOME/lookups 폴더로 이동하고 그 위치에 meh_products.csv 파일을 생성한다. 룩업 설정은 transforms.conf 파일에 저장된다. 그 파일을 편집하여 다음 설정을 입력한다.

```
[meh_products]
filename = meh_products.csv
```

아주 쉽다. 설정과 관련해서는 이제 모두 완료하였다. 다음으로 생성한 룩업을 사용해야한다. 존재하는 룩업을 사용해서 일일 룩업을 생성, 신규 데이터 추가, 그리고 신규 데이터 출력하는 것이 그 사용일 것이다. 지금은 먼저 검색을 보며주고 각 부분을 설명할 것이다.

```
'meh_base' earliest=@d | inputlookup meh_products append=t |
stats latest(deal.items{}.condition) as product_condition
latest(deal.items{}.price) as product_price latest(deal.title) as
product_title latest(eventtype) as product_type
earliest(timestamp) as product_date by deal.id | rename deal.id as
product_id | outputlookup meh_products
```

검색문을 분석해 보자. 이 검색은 매일 오전 1:00에 실행하는 것이 계획되어 있다. 일일 거래가 바뀌었을 때 즉 매일 자정을 기반으로 룩업이 생성된다.

```
'meh_base' earliest=@d
```

검색의 이 부분은 처음부터 매크로를 사용하며 실행되는 그 날로만 데이터를 제한한다.

```
stats latest(deal.items{}.condition) as product_condition latest(deal.
items{}.price) as product_price latest(deal.title) as product_title
latest(eventtype) as product_type earliest(timestamp) as product_date by
deal.id | rename deal.id as product_id
```

길게 만들어진 이 stats 명령어는 단지 (수집에 관심이 있는) 원시 JSON 필드를 가지고 그것을 '표준' 필드들로 바꾼다. by를 사용하는 절에서 deal.id를 사용하고 있는 것에 주목하라. 그것은 항상 유일해야만 하기 때문이다. 그 후 deal.id를 product_id로 바꾼다. 아주 깔끔하다!

```
inputlookup meh_products append=t
```

검색의 이 부분은 이미 저장된 데이터를 가지고 온다. inputlookup 명령어의 append 속성은 중요하다. t(아니면 true)로 설정된 이 속성이 없으면 룩업 데이터는 검색에서 가져온 데이터를 덮어쓰기할 것이다. 검색 문자열에서 첫 명령어로 사용될 때 이 속성은 생략될 수 있다.

```
dedup product_id | outputlookup meh_products
```

아주 간단하지만 이 검색은 product_id를 기준으로한 결과를 먼저 줄일 것이다. 왜냐하면 우리는 단일 product_id로 구성된 리스트에만 관심이 있기 때문이다. 다음으로 stats 명령어의 결과를 우리가 이미 설정한 meh_products 룩업으로 출력한다. 이 명령어는 데이터를 디스크에 저장하고 저장시 존재하는 파일을 덮어쓰기한다. 따라서 검색이 실행되기 전에 정확한 검색인지 확인하라.

 주의
데이터 중복 제거는 룩업에서 레코드를 잃게 할 수도 있다. 특히, 필드가 n−1 관계를 가질 때 발생한다.

이제 룩업 파일을 생성하는 저장된 검색을 만들었기에, 그 룩업 파일을 사용할 수 있다! 아주 간단하게 다음 검색을 실행하라.

```
| inputlookup meh_products
```

이 검색은 검색 문자열에서 첫 명령어이기 때문에 CSV의 내용을 테이블로 가져올 것이다. 이제 데이터를 수정, 더 많은 데이터의 추가 아니면 내부 검색에서 룩업을 사용할 수 있다. 심지어는 존재하는 데이터에 필드를 추가하기 위해 이 룩업을 사용할 수 있다. 예제 데이터에서 원시 이벤트는 deal.id 필드를 가졌다. 원시 데이터를 강화하기 위해 다음과 같은 검색을 실행하라.

```
`meh_base` earliest=-3h@h | lookup meh_products product_id AS deal.id | ...
```

lookup 명령어는 원시이벤트에 존재하는 데이터를 기반으로 룩업 데이터를 가져오는데 사용된다. 먼저, 어떤 룩업을 사용할지 정한다. 이 경우 우리는 meh_products를 사용한다. 명령문의 다음은 원래의 필요 이름이 deal.id인 product_id로 파일 안의 데이터를 찾는 것이다. 이것은 deal.id를 product_id로 연결하고 텍스트 파일에서 product_id의 값을 찾는다. 이제 필드리스트에 product_data와 product_title 필드가 존재한다. 새로 추가된 필드는 필드로서 앞으로 이어질 검색에서 사용될 수 있다. 룩업과 관련해서 정말 마법 같은 일은 검색 번들의 일부로서 검색 피어 간에 룩업들이 복제가 된다는 것이다. 그 파일들은 반드시 검색 피어에 존재할 필요는 없다. 그러나 룩업 파일이 클수록 그리고 검색 번들도 크다면 검색 번들의 검색 피어 간에 전달할 시간이 필요하다. 작게 유지하거나 내부적으로 rsync를 사용해서 룩업을 인덱서들에게 복제한다. 이런 방법은 실행될 검색들을 부드럽고 원활하게 만들 것이다.

외부 룩업은 검색 명령어가 실행되는 동안 실행되는 스크립트이다. 일반 파일에서 데이터를 검색하는 것 대신 외부 룩업은 명령어나 명령어들을 실행한다. 그리고 그 실행에서의 데이터를 반환한다. 우리가 볼 예제는 스플렁크에서 제공하는 DNS 룩업이다. 외부룩업을 설정하기 위해 다시 transforms.conf 파일을 편집하는 것이 필요하다. 스플렁크가 제공하는 파일은 다음의 설정을 가지고 있고 http://docs.splunk.com/Documentation/Splunk에서 찾을 수 있다.

```
[dnslookup]
external_cmd = external_lookup.py clienthost clientip
fields_list = clienthost,clientip
```

external_lookup.py 파이썬 스크립트는 $SPLUNK_HOME/etc/system/bin에 있다. 이 스크립트는 DNS 서버로 연결하고 호스트 이름이나 IP 주소가 스크립트에 전달되었는지에 따라 룩업을 수행한다. 룩업은 다른 룩업들과 같이 검색바에서 바로 호출된다.

```
index=_internal | head 1 | lookup dnslookup clienthost AS host | ...
```

이 검색은 internal 인덱스에서 첫 이벤트를 가져오고 호스트 이름으로 DNS 룩업을 수행한다. 그리고 IP 주소를 반환한다. 시큐리티 스플렁크 앱에서 공격 IP를 판단하거나 분석을 수행하는 웹 방문자의 나라를 찾는 데 아주 유용할 수 있다.

공통 정보 모델

최소한 공통 정보 모델에 대한 언급이라도 없다면 데이터 강화에 대한 소개가 끝난 것이 아니다. 스플렁크에서 CIM은 수집된 데이터에 대해 공통 분모를 정의하는 데 도움이 된다. CIM은 데이터를 정규화하고 같은 타입의 모든 데이터에 대해

공통 필드를 사용하게 한다. 예를 들어 여러분의 환경에서 IIS 웹 서버와 아파치 웹 서버를 가지고 있다고 가정하자. 각각 `iis`와 `access_combined` Source Type을 사용하여 각 서버에서의 접근 로그를 인덱싱하고 있다. `iis`는 `cs_Cookie`로서 쿠키 필드를 정의한다. 반면 `access_combined`는 `cookie` 필드를 사용한다. 공통 정보 모델이 없다면 대시보드나 뷰에 대한 검색을 할 때나 단순히 일반 검색을 할 때 `sourcetype=iis OR sourcetyp=access_combined | rename cs_Cookie AS cookie | stats count by cookie`처럼 실행한다.

2개의 Source Type이라면 간단해 보일 수 있겠지만, 50개 타입의 웹 서버 로그라면 쉬운 일이 아니다. 바로 이 점이 CIM을 아주 가치있게 만드는 것이다. `cs_Cookie` 필드를 `cookie`로 별칭을 함으로써 2개의 다른 필드를 가지게 되지만 이 2개 모두는 쿠키 데이터를 가지고 있을 것이다. 이 경우 CIM을 사용할 때의 장점은 같은 필드를 사용함으로써 빠르게 검색이나 대시보드를 편집하는 것이 없이도 새로운 Source Type을 온라인에서 가져올 수 있다는 것이다. 이 경우, 서로 다른 Source Type을 구분할 수 있게 Source Type에 `web_log` 및 해당 Source Type을 설명할 수 있는 것으로 태그할 수도 있다. 이제 태그와 CIM으로, 검색은 `tag=web_log | stats count by cookie`와 같을 것이다. 더욱 읽기 쉽고 효과적으로 확장된다.

스플렁크는 21개의 다른 도메인 데이터에 대한 데이터 모델들을 포함하는 CIM 앱(https://apps.splunk.com/app/1621)을 제공한다. 데이터의 도메인은 단순히 데이터의 하위집합에 도달하는 범주이다. 예로써, 인증 도메인이나 아마도 이메일 도메인을 가지고 있을 것이다. CIM에 대한 가장 최신 정보는 http://docs.splunk.com/Documentation/CIM/latest/User/Overview의 스플렁크 도큐먼트를 참고하라. 처음부터 입력과 CIM을 적용하는 계획을 세우는 것은 데이터의 초기 입력 후 효과적으로 확대하거나 검색하는 데 도움이 될 것이다. CIM은 데이터의 개념과 추상화를 기본으로 한다. 그리고 이론적으로는 빛나지만 실제 구현와 디버깅은 시간을 소모할 수 있다. 작게 시작해서 방법을 크게 하라. 한 번에 1개의 Source Type으로 한다.

앱의 브랜딩

앱을 브랜딩한다는 것은 앱 사용자에게 누가 개발자인지 알려주고 개발자에 대한 일관된 모습을 제공한다. 스플렁크는 스플렁크 앱에서 커스터마이징과 브랜드 생성에 대해 제한 없는 옵션을 제공한다. SimpleXML은 커스터마이징에 대해 작은 부분을 허용하지만 SDK_{Splunk Developer's Kit}를 사용하면 앱의 화면 및 브랜딩에 모든 부분이 가능하다. 앱을 브랜딩하는 것에는 가이드라인이 있으며 가장 최신화된 정보는 http://www.splunk.com/view/SP-CAAAFT9에서 찾을 수 있다.

가이드라인들은 다음과 같다.

1. 스플렁크 로고를 위치시키고 그 오른쪽에 텍스트를 추가한다. 예를 들어, 'Splunk〉Foo'에서 애드온의 이름은 'Foo'이다. 스플렁크 시각화 요소가 거의 대부분 유지될 때 권장되는 사항이다.

2. 스플렁크 로고를 개발자의 로고로 바꾸고 그 오른쪽에 '스플렁크에 의한' 로고을 넣는다. 이것은 개발자가 스플렁크의 기본 시각적 기능과 다른 화면으로 된 UI를 생성할 때 권장되는 사항이다. 스플렁크에 의한 로고는 사이즈와 색을 포함하는 원래 상태로 남아 있어야 한다.

3. 차트, 그래프, 맵이나 또다른 웹 페이지, 앱이나 플랫폼에 대한 다른 데이터 시각화와 같은 스플렁크의 시각화 요소를 내보낼 때, 스플렁크에 의한 로고가 스플렁크 시각적 요소를 표시하는 페이지 어딘가에 보여야만 한다. 공간을 고려하기 때문에 로고는 원래 사이즈가 필요하지 않지만 같은 색을 유지하고 사람의 눈에 보여야 한다.

스플렁크의 공식적인 가이드라인들이 있다. 그리고 언제라도 변경되는 주제이다. 최근 및 가장 빨리 업데이트되는 정보에 대해 www.splunk.com의 스플렁크 웹사이트를 참조하는 것을 권장한다. 아이콘과 로고에 대한 기본 설명, 내비게이션, 그리고 간단한 CSS를 이 장에서 다룰 것이다.

로고

로고는 앱에 대한 시각적 표현이다. 심사숙고된 아이콘과 로고는 앱이 빠르게 수 많은 앱 중에서 특히 스플렁크베이스_{Splunkbase}에서 확인되는 데 도움이 될 수 있 다. 대부분의 회사와 조직 그리고 개인은 그들 자신의 아이콘을 가지고 있다. 스 플렁크 앱은 당연히 아이콘을 지원한다. 그리고 몇 가지 다른 부분에서 그것 을 표시한다. 앱 아이콘은 앱 안의 특별한 폴더 static에 저장된다. 다음 테이블 에서 볼 수 있는 것처럼 각 아이콘과 로고에 대한 요구사항이 있다. 이 테이블 은 http://docs.splunk.com/Documentation/Splunk/6.2.5/AdvancedDev/ AddConfigurations에서 찾을 수 있다.

파일 이름	이미지 크기*	권장 사용 크기	적용되는 곳**
appIcon.png	36×36	36×36 이하. 박스가 완전히 채워지면, 너무 크다고 느껴질 것이다.	스플렁크 홈페이지에서 앱목록(표준-해상도 표시)
appIcon_2x.png	72×72	72×72 이하	스플렁크 홈페이지에서 앱목록(고-해상도 표시)
appIconAlt.png	36×36	36×36 이하	스플렁크바의 앱메뉴 그리고 검색바(표준-해상도 표시)
appIconAlt_2x.png	72×72	72×72 이하	스플렁크바의 앱메뉴 그리고 검색바(고-해상도 표시)
appLogo.png	160×40 (최대 크기)	160×40(최대 크기; 수직 마진을 조금 남긴다)	표준해상도 표시에서 앱바
appLogo_2x.png	320×80 (최대 크기)	320×80(최대 크기; 수직 마진을 조금 남긴다)	고해상도 표시에서 앱바

*이미지 크기는 픽셀 단위이다.

**높은 해상도 표시는 레티나 디스플레이 맥북프로를 포함한다.

이제 요구사항을 알았으니, 제작 중인 Splunk Developer's Guide 앱을 위해 아 이콘과 로고를 만들자. 아주 간단하게 우리는 기어 아이콘을 사용할 것이다. 구글 이미지 검색에서 찾을 수 있고 어디에 사용하든 무료이다. 주의해야 할 중요한 점은 SVG 이미지라는 것이다. 이것은 우리가 정확한 스케일을 가진 PNG 그래픽을 만들 수 있게 한다. 우리는 GIMP 포토 에디팅 소프트웨어를 사용할 것이다. 그것은 누가 사용해도 무료이다. 아이콘을 만들기 위해 GIMP에서 SVG 열면, 이미지 스케일을 조정하도록 묻는다. 36×36픽셀과 72×72픽셀 이미지를 만들 것이다.

만들어진 이미지 모두는 앱의 루트 아래 static 폴더 안에 다시 말하면 $APP_HOME/static에 위치한다. 우리는 이미지 모두를 다시 복사하고 appIconAlt.png 이미지에 맞게 이름을 바꾸었지만 이미지들은 모두 같다. 로고를 만들기 위해 정확한 높이로 기어를 열고 그 이미지를 정확한 너비로 얻기위해 사이즈를 바꾸었다. 몇 가지 텍스트를 추가하고 완성된 이미지를 PNG 파일로 내보내기 하였다. 마지막 로고 결과는 다음과 같다. 어떻게 스케일이 조정되었는지 확인하라.

항상 SVG를 사용할 필요는 없다. 그러나 크기 요구사항을 맞추기 위해 조절이 필요할 때 확실히 도움이 될 것이다. 이미지는 실제 크기를 보여주기 위해 이미지 주변에 테두리를 가진다. 그리고 비록 볼 수는 없지만 실제로 투명한 배경을 가진다. 그래서 내비게이션바는 아이콘이 변경될 필요 없이 색을 포함할 수 있는 것이다. 일단 앱 아이콘과 로고 이미지를 static 폴더에 위치시키면 그 이미지들은 스플렁크 인터페이스에서 보일 것이다. 로고는 페이지의 오른쪽 윗부분이고 웹 인터페이스 메뉴 아래에 있다. 앱 아이콘은 화면의 왼쪽 부분의 앱 메뉴에서뿐만 아니라 앱 실행의 왼쪽에서도 보인다.

아이콘과 로고를 사용하면 앱을 특별하게 보이게 하며 앱 사용자들이나 새로운 사용자가 앱을 쉽게 알아보게 하는 가장 빠른 방법이 될 것이다.

내비게이션

내비게이션은 스플렁크 앱 사용자에게 앱에서 대시보드들에 대한 위치를 알려준다는 점에서 무엇보다도 중요하다. 스플렁크는 기본 내비게이션을 제공한다. 그러나 앱에서 사용될 내비게이션을 변경하기를 원할 것이다. 이 과정은 앱에서 불필요한 뷰, 대시보드와 레포트를 제거하고 정의된 구조에 따라 앱에 관련된 것들만 포함하도록 도와줄 것이다. 먼저 내비게이션을 위한 SimpleXML 파일을 생성하자. 아직 어떠한 뷰와 대시보드를 가지고 있지 않기 때문에 정말 간단할 것이다. 기본 '검색' 뷰로 링크하고 네비케이션 바의 색을 변경할 것이다. 이 파일은 $APP_HOME/default/data/ui/nav에 위치하고 default.xml이 파일 이름이다. 그러므로, 편집하기 위한 전체 경로는 $APP_HOME/default/data/ui/nav/default.xml이다. 이 파일에 다음 코드를 추가한다.

```
<nav search_view="search" color="#355e3b">
  <view name="search" default="true" label="Search"/>
  <view name="pivot" />
  <view name="reports" />
  <view name="alerts" />
  <view name="dashboards" />
</nav>
```

분석해 보자. 먼저 특별한 nav xml 태그로 시작한다. search_view와 color 속성은 각각 사용할 기본 검색 뷰와 내비게이션바의 색을 제어한다. 이 앱에서 검색바는 16진수 #355E3B인 황록색일 것이다. 그 속성들을 채웠으면 뷰들을 내비게이션 바에 추가할 수 있다. 각 항목은 전형적인 XML 방식으로 한 항목 아래 내포된 항목으로 된다. 우리는 현재 오직 검색바만 보여지기 원하기 때문에 기본 속성을 가진 view 태그들을 입력한다.

name 속성은 사용할 뷰의 이름을 지정한다. 웹 페이지에 보이는 것은 아니다. 그것은 label 속성의 역할이다. default 속성은 앱 사용자가 앱에 들어올 때 처음으로 보여지는 뷰를 지정하는 것으로 현재 Overview에 설정한다. 내비게이션바를 꾸민 결과는 아주 좋아보인다. 로고가 어디에서 보이는지 알아챘는가?

위의 화면은 개발자가 생성할 수 있는 가장 기본적인 내비게이션 메뉴이다. 웹 인터페이스를 통해 이 내비게이션 설정을 생성하고 편집할 수 있다. **설정 > 사용자 인터페이스 > 탐색 메뉴**로 이동하라. 그리고 그 기본 설정을 편집하라. 수기로 XML을 입력할 필요도 여전히 있을 것이다. 개발자를 위한 미리 만들어진 관리자는 없다. 현재의 내비게이션을 그대로 유지하자. 몇 가지 대시보드와 뷰를 만들게 될 때 그것들을 추가할 것이다.

 내비게이션 XML에 뷰를 정의하지만 그 뷰가 스플렁크 안에 존재하지 않는다면, 그 메뉴의 부분은 내비게이션 바에서 보이지 않을 것이다.

CSS

CSSCascading Style Sheets는 HTML과 웹 표현에서 중요한 부분이 되었다. 스플렁크는 이 장점을 가지고 개발자의 CSS를 적용하여 많은 부분의 웹 인터페이스를 새롭게 할 수 있다. HTML과 SimpleXML 뷰는 CSS가 호출되는 방법에서 다르다. 스플렁크 앱의 CSS파일은 앱 안에서 특히 $APP_HOME/appserver/static에 저장된다. 그 파일들은 SimpleXML과 HTML 대시보드에서 호출되며, 변환된 페이지에 포함된다. 뷰와 대시보드 생성을 시작할 때 자세하게 다룰 것이다.

자바스크립트

자바스크립트는 스플렁크 웹 인터페이스의 필수적인 부분이다. 심지어 SimpleXML은 (스플렁크 앱의 뒤에서) 자바스크립트 프레임워크로 제어된다. 이 유연성은 인터페이스를 커스터마이징하기 위한 많은 옵션을 주고, 커스텀 CSS처럼 커스텀 자바스크립트도 $APP_HOME/appserver/static에 저장된다. 커스텀 자바스크립트를 체계적으로 유지하기 위해 하부 폴더를 사용할 수 있다. 그러나 기본 dashboard.js

파일은 기본 폴더아래 있어야만 한다. 앞으로 몇 가지 커스텀 자바스크립트를 살펴볼 것이다.

 기본 검색 뷰는 커스텀 자바스크립트나 CSS를 로드하지 않는다. 그러므로 커스텀된 CSS나 자바스크립트를 가질 수 없다. 커스터마이징을 위해 별도의 뷰를 만들어야만 한다.

가속화

스플렁크 검색은 빠르다. 비교적으로 적은 시간에도 수백만의 이벤트를 가져올 수 있다. 그러나 수억만 개의 이벤트를 검색할 필요가 있을 때는 어떨까? 아니면 5년이 넘는 웹사이트의 일간 통계자료를 원한다면 어떨까? 몇 가지 가속화 방법이 바로 이런 경우의 원시 데이터 검색시 장점이 된다. 가속화는 데이터를 요약한다. 그리고 빠르게 찾아볼 수 있는 총통계량을 제공한다. 앱이 많은 데이터를 수집하지 않는다거나 긴 기간에 대한 통계량에 관심이 없다면 가속화가 필요 없을지도 모른다.

요약 인덱싱

요약 인덱싱은 집계된 데이터를 정리하는 방법이다. 요약 필드를 구성하고 `collect` 명령어를 사용해 인덱스에 위치시키는 것이다.

 요약 인덱싱은 일간 라이선스 사용에 포함되지 않는다. 따라서 원하는만큼 많은 데이터를 요약하는 데 주저하지 말라!

레포트 매니저로 시작해보자. 요약 인덱스 설정을 시작하기 전에, 무엇을 요약할 것인지 결정해야만 한다. 3장의 마지막 샘플 데이터를 보면 meh는 매일 투표와 관련된 정보를 포함하고 있다는 것을 알 수 있다. 추가된 스크립트는 매 5분마다

API를 가져오며, 1일당 288개의 이벤트를 생성한다. 1년으로 보자면 총 105,120개의 다른 이벤트를 가진 투표 데이터이다. 이 이벤트수는 여전히 스플렁크가 다루기에 커다란 양은 아니지만, 예제를 위해 이 데이터를 사용하는 레포트의 속도를 올리기 원하다고 하자. 매 시간 투표 데이터를 요약함으로써, 1일당 24개의 이벤트 아니면 1년간 8,760개의 이벤트를 가진다. 이 수치는 검색이 필요한 이벤트의 수에서 눈에 띌만한 감소가 될 것이다. 그리고 그 이벤트들은 특별한 요약 인덱스에 수집될 것이기 때문에 동시에 검색도 최적화할 것이다. 투표 데이터를 다룸에 있어서 답변과 그 답변에 대한 값을 상관관계하는 매크로를 만들었다. 이 매크로는 pollExtraction이라 부르고, 요약 생성 검색에서 그 매크로를 사용할 것이다.

요약 검색을 만들기 위해, 투표 데이터를 모으기 위한 기본 검색으로 시작한다.

```
'meh_base' earliest=-1h@h latest=@h |'pollExtraction' | stats
max(votes) as votes latest(timestamp) as PollDate latest(PollId) as
PollId by answer PollTitle | collect index=summary
```

위 검색문자열을 분석해보자. 앞에서 meh_base는 이미 보았다. 이 매크로는 스크립트 입력으로부터 데이터를 가지고 온다. 이전 시간을 요약하기 원하기 때문에 시간범위를 제한하였고 시간당 1분에 검색을 실행하였다. 매크로 pollExtraction은 정확하게 데이터를 상관관계시키는 다양한 mvzip과 mvexpand 명령어를 수행한다. 다음으로, 통계 레포트를 수행하고 각 답변에 의한 최대 투표수를 가지고 온다. 데이터는 계속해서 증가하기 때문에 시간당 가장 많은 투표수만 필요하다. PollTitle, PollId, PollDate 속성을 by 절에 추가하였다. 그래서 나중에 레포트를 불러들일 때, 적절하게 레포트를 보여주기 위해 필요한 데이터를 가질 것이다. 마지막 명령어 collect는 통계 레포트에서 결과값을 갖고 그 이벤트를 명령어에 정의된 summary 인덱스에 넣는다. 이제 검색을 생성하였다. 그것을 저장시키고 매시간 15분이 지나서 실행되도록 설정한다. 다음은 요약 이벤트 결과가 보여주는 것의 샘플이다.

```
01/30/2015 21:00:00 -0500, info_min_time=1422669600.000,
info_max_time=1422673200.000, info_search_time=1422676498.182,
PollDate="Fri, 30 Jan 2015 21:59:39 EST",
PollId=a6li0000000PCCCAA4,
PollTitle="Who's going to win the Super Bowl?",
answer="Some other team you'll bet on in the forum!", votes=23
```

검색으로 요약 이벤트를 가져올 때, 정확한 데이터를 얻기위해 인덱스를 지정하고 그 이벤트에 대한 필드를 지정한다.

```
index=summary earliest=-2h@h PollTitle=*
```

이 검색은 인덱스 요약에서 지난 2시간에 있었던 많은 이벤트만 가지고 올 것이다. 이는 집계된 데이터에 대한 대시보드와 다른 레포트 생성을 빠르게 한다. 예를 들어 | eval marker=meh_poll를 collect 명령어 전에 검색을 생성하면서 요약에 추가하면, 다음과 같이 데이터 검색을 할 수 있다.

```
index=summary earliest=-2h@h marker=meh_poll
```

이 방법은 어떠한 종류의 통계 집계 값에 대해서도 실행된다. 이는 통계 명령어가 지원하는 평균, 최소값, 최대값 그리고 다른 함수를 포함한다. 이러한 스타일의 요약 인덱싱은 엄격하게 말해 그 접근에서 '오래된 방법'이고, 새로운 si - 명령어의 어떠한 장점을 취하지도 않는다.

레포트 가속화

스플렁크 6는 새로운 종류의 가속화를 제공한다. 이 종류의 가속화는 저장 레포트에 적용된다(이전에는 저장된 검색으로 불렸다). 그것은 'transforming 검색'이나 검색 내에서 transforming 명령어를 사용하는 검색에서만 사용될 수 있다. 추가로 transforming 명령어 앞에 다른 명령어가 있다면, 그 명령어들 또한 streaming 명령어이어야 한다. Transforming 명령어들은 timechart, stats, chart 및 top 과 유사한 명령어들이다. Streaming 명령어들은 where, eval, regex, bin 및 인덱서에서 실행될 수 있는 어떠한 명령어와 유사한 명령어들이다. '오래된 방식'인 방법으로 요약 인덱싱을 접근할 때 요약 인덱스에 위치한 결과 테이블을 생성하는 어떠한 명령어를 사용할 수 있다는 것은 중요한 사항이다. 레포트 가속화는 다르다. 레포트 가속화는 원시 데이터를 가지고 있는 버킷과 병렬로 요약들을 저장한다. 스플렁크는 자동으로 빠진 요약을 재생성도 할 것이다. 이는 관리자가 '오래된 방식'의 방법을 사용시 해야만 하는 것이다. 가속화된 레포트에 대한 또다른 경고는 요약은 클러스터 안에서 복제가 되지 않는다는 것이다. 그래서 클러스터에서의 한 인덱서가 오프라인이면 그 버킷들에 있는 요약들은 재생산될 필요가 있다. 이는 남아 있는 인덱서들의 로드를 줄일 것이다. 레포트 가속화는 커다란 데이터셋에서 아주 유용할 수 있다. 그리고 그 데이터들이 실행되도록 하기 위해 아주 최소한의 조작을 필요로 한다. 간단히 평가 검색을 생성하고 가속화를 활성화하라. 그러면 스플렁크는 그 요약을 제공할 것이다. 레포트 가속화에 대한 전체 문서는 아주 자세하다 그리고 http://docs.splunk.com/Documentation/Splunk/latest/Knowledge/Manageacceleratedsearchsummaries에서 찾을 수 있다.

요약

이 장에서 우리는 데이터를 강화하는 방법들을 검토해보았다. 더 많은 태그, Event Type, 워크플로 작업을 앱에 추가함으로써 앱 사용자에게 통일되고 매끄러운 환경을 제공하면서 다양한 개선 방안을 제공한다. 우리는 룩업 사용이 데이터를 강화하는 수단을 제공한다는 것과 설계에 따라 앱을 어떻게 특별하게 만드는지도 알아 보았다. 앞으로 진행하면서 앱에 대한 개선을 자세히 알아볼 것이다. 데이터를 가속화하는 방법을 살펴보고 그 방법을 사용하는 예제도 제공하였다.

4장에서 SimpleXML 뷰와 대시보드의 사용과 설정을 다루기 시작할 것이다. 광범위하게 SimpleXML을 다루지는 않지만, 몇 가지 기본적인 시각화와 SimpleXML 폼을 생성하고 사용하는 법을 다룰 것이다.

기본 뷰와 대시보드

4

4장에서는 지금까지 수집하고 개선한 데이터의 시각화를 돕는 기본 뷰와 대시보드를 생성하기 위해 웹 인터페이스를 사용할 것이다. 어떤 데이터가 있고 어떻게 그 데이터들이 마련되어 있는지 안다는 것은 빠르게 뷰와 대시보드를 만드는 데 있어서 무엇보다도 중요하다. 또한, 어디서 시작을 해야 할지 알려주며, 데이터의 어느 부분이 어떤 대시보드에 보여줄지도 알려준다. 지금 바로 대시보드, 뷰, 저장된 검색의 제작을 시작할 수 있지만 약간의 준비로 몇 번 반복될 재구성을 피할 수 있다. 어떠한 프로젝트든 앱이 다룰 것에 대한 범위를 정하는 것은 앱 제작에서 핵심적인 요소이다. 무엇을 어떻게 포함할지에 대한 포괄적인 질문을 처리한 뒤에 패널에서 저장된 검색 사용 그리고 스플렁크에서 기본적으로 가능한 데이터 시각화의 종류들에 대해서 다룰 것이다. SimpleXML 대시보드를 생성하기 위해 저장된 검색과 데이터 시각화들을 몇 가지 사용하고, 그 대시보드를 SimpleXML 폼으로 변환할 것이다. 또한 간략하게 HTML 대시보드들을 다루겠지만, 그것들은 5장에서 더 자세히 다뤄질 것이다. 따라서 4장에서는 존재하는 대시보드를 변환하는 법과 처음부터 새 대시보드를 생성하는 것만 다룰 것이다.

데이터 파악

데이터를 파악한다는 것은 대시보드와 뷰를 생성하는 데 중요한 요소이다. 데이터와 친근하다는 것은 데이터에 내제된 문맥에 대한 더 깊은 이해와 데이터 시각화에서의 다른 의미적 차이에 대한 커다란 통찰력을 준다. 예를 들어, 시계열 데이터를 원형 차트로 사용하지 않을 것이다. 차트를 생성하려고 하기 전에 시계열 데이터라는 것을 알면 앱에서 필요할 대시보드를 디자인하고 생성하는 과정을 촉진시킬 것이다. 또 다른 아주 중요한 과정은 어떤 데이터가 단지 원형 차트냐 시계열 라인 차트냐의 것 그 이상의 어떤 데이터 시각화에 적당한지에 대한 생각을 필요로 한다. 막대형 및 세로 막대형 중 선택, 언제 스택바를 선택할지, 아니면 100% 스택바를 사용해야만 하는지 등이 포함된다. 그것들은 스플렁크에서 가능한 미리보기로 작업을 한다면 답변을 찾을 수 있다.

간단한 예제로 시작해보자. 여러분이 인터넷 연결의 Kbps 메트릭 정보를 수집한다고 가정한다. 매 5분마다 메트릭 정보를 수집하고 그것들을 스플렁크에 인덱스한다. 어떤 종류의 그래프가 시계열 통계 정보를 잘 보여줄까? 꺾은 선형? 영역형? 그래! 막대형? 원형 그래프? 아니다! 막대형과 원형 그래프는 충분하게 시계열 데이터를 보여주지 못한다. 그러나, 특정한 나이대를 가진 인터넷 사용자의 퍼센트를 확인하려고 한다면 꺾은 선형 그래프를 사용해야 하나? 이러한 종류의 데이터는 원형이나 막대 그래프가 더 적당할 수도 있다. 이는 단지 (분 단위의) 특정 시간대에서가 아닌 전체 시간대에 대한 통계정보에 관심이 있기 때문이다.

가능한 모듈들

스플렁크 6.3에서 가능한 차트들의 종류에 대해 간단히 알아보자. 대시보드 에디터로 직접 사용할 수 있는 내장 차트들이 있다. 내장 데이터 시각화 차트들은 꺾은 선형Line, 영역형Area, 세로 막대형Column, 막대형Bar, 원형Pie, 산포도Scatter, 버블Bubble, 단일값Single Value, 방사형 게이지Radial Gauge, 필러게이지Filler Gauge, 마커 게이지Marker Gauge, 지도Map 등이 있다. 그 차트들은 각각 다르게 데이터를 보여주며, 확실히 모든 데이터가 모든 데이터 시각화에 적당한 것은 아니다. 스플렁크는 개발자가 데이터를 파악하도록 도와주고 검색된 결과를 기반으로 다음 화면에서 보여지는 것처럼 추천사항들을 제공한다. 이 검색은 timechart 명령을 사용했다. 그래서 추천되는 차트는 시간에 기반된 데이터와 잘 맞는 차트들이다(꺾은 선형Line, 영역형Area, 세로 막대형Column).

화면에서와 같이 스플렁크에는 기본적인 차트들이 있다. 추가적인 모듈들이 가능하거나 생성될 수 있지만 이것들이 기본 데이터 시각화 도구들이다.

SimpleXML 대시보드

자, 이제부터 몇 가지 데이터 시각화를 다루어 볼 것이다. https://meh.com의 데이터로 여러 가지 데이터 시각화가 있는 대시보드를 생성해보자. 여기서는 기본적인 시각화만 다룰 것이다. 앞에서 만든 meh_products 룩업으로 시작할 것이다. 각 상품들은 New 및 Refurbished로 나열된다.[1] 어떻게 차트가 만들어지는지 확인해보자.

```
| inputlookup meh_products | top product_condition
```

위 명령어는 우리가 이전에 작성한 저장된 검색으로 추려진 meh_products 룩업을 가져오는 기본 검색이다. 우리는 단지 전체 시간에 대해 상품 상태의 분포에 관심이 있다. 그래서 드롭다운에서 원형을 선택할 것이다. 그러면 다음과 같은 원형 차트를 볼 수 있다.

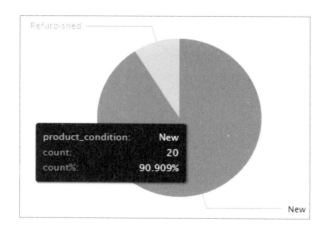

보시다시피, 이 책을 쓰는 시점에 수집된 데이터의 경우 90.090%의 제품 상태가 New이다. 이제 새로운 대시보드에 이 데이터 시각화를 패널로서 저장해 보자. 새로 생성하는 대시보드를 Overview라고 할 것이다. 화면의 오른쪽 윗부분에서 **다른 이름으로 저장**을 클릭한다. 이어서 **대시보드** 패널을 선택한다. 대시보드를 새로 만들거나 기존 대시보드에 이 시각화를 추가하는 새로운 창이 나타난다. 지금은 새로운 대시보드를 만들고자 한다. 다음 화면처럼 필요한 사항들을 채우고 **저장**을 클릭한다.

---

1 이 장에서 표현된 시각화들은 실제 데이터를 기반으로 하기 때문에 독자의 화면과 다소 다를 수 있으나, 개념은 같다. - 옮긴이

일반적인 스플렁크 앱을 개발하기 위해 대시보드가 로그인된 사용자의 폴더가 아니라 앱의 안에 생성되는 것을 원한다. **앱에서 공유됨**이 선택되었는지 확인하라.

생성된 대시보드에 원형 차트가 위치해 있을 것이다. 이 대시보드가 만들어지면 이 대시보드에 바로 이동하는 방법이 필요하다. default.xml 파일을 수정하여 이 대시보드의 이름을 추가하자. 다음 라인을 앞 XML 파일의 nav 태그 바로 아래에 추가하라. 수정사항을 반영하기 위해 debug/refresh 엔드포인트를 최신화한다.

```
<view name="overview" default="true" />
```

앞으로 이 앱을 선택하면, Overview 대시보드가 먼저 보일 것이다. 몇 가지 데이터 시각화를 추가해 보자. 원하는 만큼 추가할 수 있지만 많은 데이터 시각화가 추가되면 해당 데이터 시각화와 연관된 검색들이 실행될 필요가 있고 이는 검색 헤더의 검색 성능을 저하시킬 수 있다는 것을 명심하라.

다음은 앞으로 만들고자 하는 것이다. 멋지지 않나?

모든 데이터 지수는 meh_products 룩업 파일로부터 산출된다. 그리고 룩업의 모든 제품들을 다룬다. 그러나 시계열 데이터라면 어떻게 해야 할까? 또 다른 대시보드를 만들어보자. 이 대시보드는 우리가 수집해온 https://meh.com/의 데이터에 대한 요약을 사용할 것이다. 단계별로 시계열 데이터 대시보드를 만들지 않을 것이다; 각 단계는 원형차트 대시보드 생성과정과 상당히 유사하다. 새로 추가된 대시보드를 내비게이션에 추가하는 것을 잊지 마라! 대시보드의 생성 결과는 다음 화면과 같다.

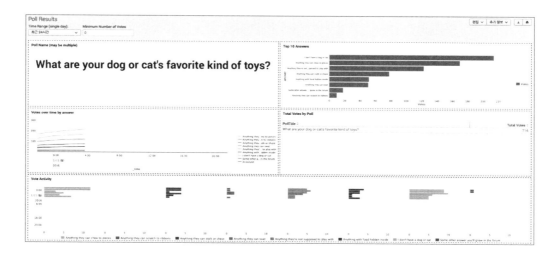

와우! 아주 빠르게 만들어졌다. 시계열 데이터를 나타내기 위해 어떻게 꺾은 선형 차트나 세로막대형 차트를 사용하는지 알고 싶은가? 잠깐 기다려라! 앞의 데이터는 좀 이상해 보인다. 이 대시보드는 우리가 데이터를 수집하는 모든 시간대의 모든 것을 보여주고 있기 때문이다. 새로운 조사는 새로운 답변들과 함께 매일 시작된다. 그래서 현재 이 대시보드는 전체 수집에 대한 합을 보여준다. 전체 스키마에 대한 모든 것이 정말 유용한 것은 아니다. 이제 SimpleXML 폼으로 이동한다!

SimpleXML 폼

SimpleXML 폼은 SimpleXML 대시보드에 입력이 추가되어 변환된 대시보드이다. 이 입력으로 사용자는 검색에 대한 시간 범위를 전체 시간에서 미리 정의된 시간 범위로 좁힐 수 있다. 자 이제 이 대시보드를 폼으로 변환해보자. 대시보드의 오른쪽 윗부분에서 **편집** 드롭다운에서, **패널 편집**을 선택하라. 그럼, **입력 추가**를 보게 될 것이다. 그것을 클릭 후 시간을 선택한다. 아래 화면에서처럼 가능한 다른 옵션들도 있다.

시간을 클릭하면 대시보드의 왼쪽 윗부분에 드롭다운이 추가된다. 이제 대시보드가 폼으로 변환되었다. 편집 상태에서 추가된 드롭다운의 시간 범위 선택에서 **오늘**로 그 값을 설정한다. 이제 오직 오늘로 한정된 데이터만 생성된 폼에 반영이 될 것이다. 이 입력이 대시보드의 해당되는 패널에 반영되게 하려면 각 패널별로 반영시켜야 한다. 각 패널 검색을 수정하기 위해 **검색 문자열 편집**을 클릭한다. 그 후 **시간 범위를 공유된 시간 선택기(field1)**로 변경한다. 이는 각 패널이 폼의 드롭다운에서 선택된 시간 범위를 사용하도록 할 것이다. 모든 패널이 수정이 되면 오른쪽 윗부분의 **완료** 버튼을 클릭한다. 그리고 화면을 새로고침한다. 데이터는 좀더 깔끔하고 오직 단일 조사에 대한 정보만 보여준다는 것을 확인할 수 있다. 이처럼 정보가 깔끔하고 문맥에 맞게 보여줄 수 있다. 대시보드 밑부분의 차트를 기억하나? 보기 좋아 보이지 않는다. 아주 어수선하고 의미 없어 보인다. 이제 같은 차트를 멋지게 깔끔하고 2차원으로 데이터로 보여주자.

이제 데이터는 다른 색(그리고 컬럼)으로 바 차트를 사용한다. 이 차트는 조사 결과에 대해 시계열로 표현된 것을 보여준다. 시간은 (암청색으로) 위에서 아래로 표현된다. 각각의 다른 색은 각각의 다른 조사 결과를 보여준다. 그리고 왼쪽에서 오른쪽으로는 투표수에서 (실질적으로 총합에서 한 데이터 지수에서 다음 지수로) 계산된 차이점이다. 그리고 총합에서 전 시간대로부터 받은 답변에 대한 추가적인 투표들의 수를 보여준다.

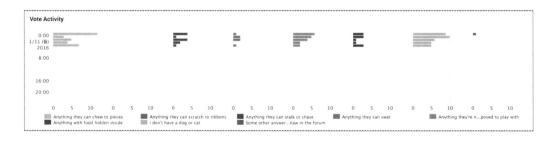

몇 개 바들을 좀 더 자세히 살펴보자. 다음 화면은 가장 왼쪽 답변의 차트를 자세히 본 것이다. 아시다시피, 그 날의 첫 몇 시간 동안에 많은 활동들이 있었고, 그 날이 지나면서 서서히 줄었다.

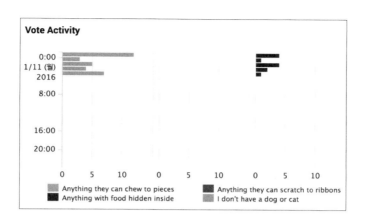

이는 바 차트의 일반적인 사용 예는 아니지만, 각 데이터 지수의 의미를 다르게 표현하는 것을 보여준다.

이제 특정한 시간 범위에 영향을 받는 폼을 생성하였다. 이제 검색 작업을 정리해보자. 현재 있는 것처럼 이 대시보드의 각 패널들은 새로운 검색을 실행한다. 특히 데이터셋이 아주 크다면 그것은 아주 효과적이지 않다. 그래서 사전-처리에 대해서 이야기해보자. 사전-처리는 무엇인가? 기본적으로 우리는 대시보드를 위해 하나의 검색 요소를 정의할 것이다. 그 후, 대시보드의 모드 다른 패널에서 그 검색 결과를 사용할 것이다. **편집** 드롭다운에 위치한 폼의 소스를 편집하는 것으로 시작한다(**원본 편집**을 선택). 이제, 아래의 XML 코드를 첫 <row> 태그 앞에 추가한다.

```
<search id="baseSearch">
  <query>
  index=summary category=meh_poll | table _time PollTitle
    votes answer
  </query>
  <earliest>$field1.earliest$</earliest>
  <latest>$field1.latest$</latest>
</search>
```

위의 코드는 baseSearch ID를 참조하는 다른 모든 패널을 위해 기본 검색을 구성한다. $field1.earliest$ 토큰을 확인하라. 그것은 대시보드를 폼으로 변환한 부분에서 시간 탐색 드롭다운을 참조한다. 지금은 그리 신경 쓰지 않아도 된다.

그냥 보여진 것처럼 추가한다. 자, 이제 첫 패널을 찾아보라. `<title>` 태그 아래 `<search>` 태그를 볼 수 있을 것이다.

`base="baseSearch"`를 `<search>` 태그에 추가하라. 그리고 `<query>` 태그를 stats 명령만 포함하게 변경하라. 다음과 같은 코드일 것이다.

```
<search base="baseSearch">
  <query>stats values(PollTitle)</query>
</search>
```

폼에 있는 각 패널에 이 작업을 한다. 완료가 되면 **저장** 버튼을 클릭한다. 이제 폼의 각 패널들은 주 검색이 완료되자마자 표시될 것이다. 이런 방법으로 스플렁크 시스템에 큰 검색 비용을 요구하지 않으면서 폼의 렌더링 속도를 높일 수 있다. 또 다른 훌륭한 최적한 방법은 스케줄 검색, 요약 인덱스 아니면 기본 검색으로서 데이터 모델을 사용하는 것이다.

 주의

과도한 검색을 가진 대시보드는 운영환경에서 문제가 되어 검색 성능을 저하시킬 수 있다. 검색이 잘 실행되기 위해 최적화 방법과 설정을 사용하라.

이전에 본 `$field1.earliest$` 항목으로 다시 돌아오자. 이것은 토큰화된 필드이다. 스플렁크는 변수를 토큰화하여 다이나믹 드릴다운과 조건표시와 입력 추출이 가능하게 한다. `$variable$` 이름을 사용하여 '토큰화된' 요소를 참조할 수 있다. 응답에 대한 투표의 수에 기반하여 보여진 결과를 다이나믹하게 제한하는 것들을 구현할 것이다. (물론, 편집 모드상에서) 먼저 **입력 추가** 버튼을 클릭한다. **텍스트** 박스를 선택한다. 왼쪽 윗부분에 필드가 위치하면 필드를 편집하기 위해 작은 연필 아이콘을 클릭한다. 다음 화면처럼 각 항목을 입력한다.

적용 버튼을 클릭하고 패널 생성 완료를 위해 **완료** 버튼을 클릭한다. 이제, 검색들에게 제한을 추가하고 싶을 것이다. 제한하기 원하는 검색을 선택한다. ($로 둘러 쌓여진) 토큰 이름을 필드를 지정하는 것처럼 검색에 추가한다. 예를 들어 시계열 라인 차트에서 100개 이상의 투표로 된 답변만 표시되기 원할 수도 있다. 원래의 사전-처리 쿼리는 다음과 같다.

```
where isint(votes) | timechart span=1h max(votes) as Votes by answer
useother=f
```

원래의 쿼리를 다음과 같이 바꿀 것이다.

```
where isint(votes) AND votes > $min_votes$| timechart span=1h
max(votes) as Votes by answer useother=f | eval threshold = $min_votes$.
```

패널을 저장하고 폼을 새로고침한다. 기본값은 0이고 모든 결과를 포함하는 것을 의미한다. 그러나 100으로 변경되면 차트는 100개이상의 투표를 가진 답변만 표시한다. 실제로는 각 답변들이 임계치를 초과하였는지를 보여주는 것이다.

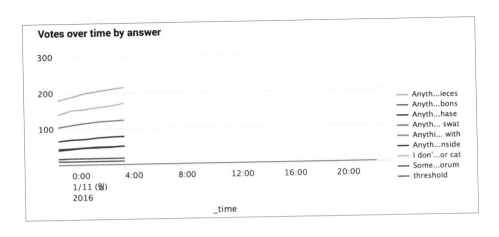

SimpleXML 폼과 대시보드를 위해 정말 많은 가용한 옵션들이 있다. 사용 사례들에 대한 자세한 설명은 이 책의 가용한 지면을 초과하기 때문에 여러분 스스로가 SimpleXML에 대한 매뉴얼을 확인하길 바란다. 대신 HTML 대시보드로 주제를 변경한다.

HTML 대시보드

HTML 대시보드는 말 그대로 HTML 대시보드일뿐이다. HTML과 자바스크립트로 처음부터 작성되거나 SimpleXML 대시보드에서 변환되는 대시보드이다. HTML 대시보드의 주된 목적은 개발자에게 가능한 많은 자유도를 주고자 하는 것이다. CSS와 자바스크립트로 함께 작성된 HTML로 할 수 있는 어떠한 것이든 스플렁크는 데이터를 사용할 수 있다는 장점과 더불어 거의 대부분 HTML 대시보드에서도 할 수 있다.

그럼 SimpleXML 대시보드를 HTML 대시보드로 변환해 보자. 우리가 이전에 만든 Overview 대시보드를 사용하자. 존재하는 대시보드를 변환하기 위해 웹 UI에서 변환하고자 하는 대시보드로 이동 후 **편집** 드롭다운을 클릭한다. 그 후 **HTML로 변환**을 클릭한다. 새로운 창이 나타나면 여기서는 현재 **항목 바꾸기**를 클릭할 것이다. 처음부터 HTML 대시보드를 만드는 방법이 편하다면 **새로 만들기**를 선택한다.

준비가 되면 **대시보드 변환**을 클릭한다. 변환된 대시보드를 보기 위해 **뷰**를 클릭한 다. 뭐가 변경되었을까? 시각적으로는 변경된 것이 없다. 앱의 내부적으로 변경 되었고 다음 장에서 자세히 다룰 것이다. 처음부터 새로운 HTML 대시보드를 만 들어본다고 해보자. 가장 쉬운 방법은 빈 SimpleXML 대시보드를 생성하고 그것 을 변환하는 것이다. 이 방법은 처음부터 HTML 대시보드를 만들 때 필요한 모든 HTML과 자바스크립트를 미리 준비할 것이다.

요약

4장에서는 대시보드와 뷰 생성에 대한 몇 가지 기본적인 측면들을 다루었다. 다루 고 있는 데이터를 잘 이해하고 있는지에 대한 여부는 성공적인 데이터 시각화를 위해 무엇보다도 중요하다. 스플렁크는 사용자가 데이터를 발견하는 데 도움을 준 다. 그러나 적절하게 그 데이터를 보여주기 위해서는 다루고 있는 데이터에 대한 이해가 필요하다.

또한, SimpleXML 대시보드와 해당 대시보드를 폼 형식으로 변환하는 방법도 살펴보았다. SimpleXML 대시보드는 쉽게 만들 수 있으며 웹 인터페이스에서 그것들을 다룰 수 있다. 이러한 점은 코딩 수준으로 깊이 빠져야 할 필요가 없이 데이터의 빠른 시각화를 위한 최고의 선택이다. 간단하게 HTML 대시보드도 소개하였다. HTML 대시보드 나름의 몇 가지 장점들이 있으며, 그중에서도 특히 HTML, CSS와 자바스크립트로 이루어진 스택을 사용하는 장점이 있다.

5장에서는 HTML 대시보드 생성의 즐거움을 시작해보고 효과적으로 SplunkJS 스택을 사용하는 방법을 살펴본다.

5

스플렁크 웹 프레임워크

5장에서는 바로 HTML 대시보드와 스플렁크 웹 프레임워크를 다룰 것이다. 단지 개요 수준이 아니라 실전 코딩이 될 것이다. HTML 대시보드와 스플렁크 웹 프레임워크는 앞으로 만들어질 모든 새로운 앱들을 위한 기본 사항이다. HTML 대시보드와 스플렁크 웹 프레임워크는 대시보드에 대한 커스터마이징과 데이터 시각화의 기능 확장에 최고의 방법을 제공하기 때문이다. 기본적인 대시보드 구조 외에 실제 개발시 필요한 내용과 CSS와 자바스크립트를 추가하여 브랜드화할 때 필요한 정보를 다룬다. SplunkJS 스택을 먼저 살펴보고 각 객체들이 기본 형태로 어떻게 사용되고 어떻게 그것들을 커스터마이징할 수 있는지 알아볼 것이다. D3 차트를 사용하는 커스텀 데이터 시각화를 만들고 대시보드에 추가할 것이다. D3 차트를 사용하면 기본적으로 스플렁크에서 제공하는 기능 외에 많은 확장성과 화면 표현이 가능하다. 제이쿼리 라이브러리를 사용하여(REST API나 다른 방법을 통해) 외부 데이터 소스를 추가하는 방법도 다룰 것이다.[1]

---

1 5장의 화면도 실제 데이터를 기반으로 하기 때문에 독자의 화면과 다를 수 있다. – 옮긴이

HTML 대시보드

HTML 대시보드는 기존의 SimpleXML 대시보드에서 만들어지거나, 직접 작성할 수 있다. SimpleXML 대시보드를 만들고 그것을 변환하는 방법을 추천한다. 이는 가장 최신의 코드를 사용하는 스플렁크 버전에서 대시보드가 만들어지는 것을 보장한다. SimpleXML 대시보드를 HTML 대시보드로 변환하는 법을 다시 찾아보려면 4장을 참고한다. 스플렁크 웹 프레임워크는 HTML 대시보드에 반영되고 스플렁크 핵심 프로그램으로 내재되어 있다. 이 프레임워크는 대시보드 개발에서 최대의 확장성과 유연성이 가능하도록 제작되었다.

앞에서 만들어진 대시보드의 기본 코드(4장을 살펴보자. Overview 대시보드를 참조한다)는 대시보드 전체에서 일관성을 유지하는 다양한 항목들을 포함한다. 일반적으로 모든 HTML과 CSS 정의는 대시보드 코드 앞부분에 위치하고, 자바스크립트는 마지막에 위치한다. 이 구조는 일반적인 코딩 표준 방식이다. 왜냐하면 데이터로 인한 지연 로딩 없이 페이지가 먼저 보일 수 있도록 한다.

HTML 대시보드의 첫째 중요한 점은 아래 코드와 같이 부트스트랩bootstrap CSS를 포함하는 것이다.

```
<link rel="stylesheet" type="text/css"
href="/ko-KR/static/@237341/css/build/bootstrap.min.css" />
<link rel="stylesheet" type="text/css"
href="/ko-KR/static/@237341/css/build/pages/dashboard-simple-
bootstrap.min.css" />
```

부트스트랩 http://getbootstrap.com은 디자이너가 반응형 웹 페이지와 프로젝트를 생성하는데 도움이 되도록 만들어진 유명한 프레임워크이다. 부트스트랩을 자세히 다루지는 않지만, 이 프레임워크는 스플렁크에서 기본 그리드 패턴default grid pattern으로 대시보드에서 작업할 때 중요하다. 첫 번째 라인은 기본 부트스트랩 CSS 파일을 포함한다. 두 번째 라인은 스플렁크에 특화된 부트스트랩 CSS 파일을 포함한다. 이 설정들로 스플렁크에 기본적인 브랜딩 효과를 줄 수 있다. 코드의 href를 분석해보자.

- `/ko-KR`: 이것은 스플렁크가 설치되었을 때의 기본 로케일이다. 기본으로 ko-KR이지만 다르게 설정될 수 있다.[2]

- `/static`: 파일들은 정적이고 적절하게 캐시된다는 것을 알려준다.

- `/@237341`: 스플렁크 특정 빌드의 숫자이다. 이 숫자는 코어 스플렁크core splunk 를 업그레이드할 때마다 업데이트되는 숫자이다. `href`에서 숫자를 바꾼다는 개념은 간단하다. 코어 스플렁크가 업그레이드되는 동안 그 객체에 대한 캐시 를 갱신한다는 의미이다.

- `/css/build/pages/`: 페이지에서 사용되는 CSS 파일들의 경로이다.

- `dashboard-simple-bootstrap.min.css`: 스플렁크 내부의 CSS 내용을 포함 하는 파일 이름이다.

스플렁크 앱의 디렉토리에 추가된 새 파일을 로드하기 위해 캐시를 갱신하려면, "bump" URL을 사용할 수 있다. http://〈스플렁크 서버 주소〉/ko-KR/_bump로 이동하고 Bump version 버튼을 클릭하라. 이러면 1씩 버전 숫자가 올라갈 것이다. 버전 숫자는 일반적인 자연수이다. 그리고 각 클릭시 그 숫자부터 증가한다.[3]

대시보드를 만들면서 자주 이런 형태를 보게 될 것이다. 커스텀 CSS 파일을 포함 할 수 있게 되었다. 이제, 대시보드의 내비게이션에 대해 중요한 내용을 살펴보자.

다음 코드를 보면, 페이지는 Section 508을 준수하기 위해 설계되었다. Section 508은 웹 페이지에 대해 장애우의 접근성이 가능하도록 지켜야 하는 법과 규정을 일컫는다.[4] 일반적인 브라우저를 사용할 경우 <a> 태그가 먼저 나타나지 않는다. 사용자가 스크린 리더를 사용해야만 나타난다. 다음 <div> 태그는 스플렁크 헤더 가 위치할 곳이다. 이 헤더는 스플렁크의 관리에 사용되는 내비게이션인 메시지, 설정, 작업뿐만 아니라 애플리케이션 내비게이션이다. `placeholder-splunk-bar`

---

2 한국어를 사용하면 기본은 ko-KR이다. – 옮긴이
3 로그인 상태에서 적용해야 한다. – 옮긴이
4 윈도우의 경우 로그인시 접근성이라고 하여 돋보기 및 화상 키보드 등을 지원한다. – 옮긴이

<div>의 특별한 코드에 주목하자. {{SPLUNKWEB_URL_PREFIX}}는 사용자의 로케일 정보를 위한 곳이다. 그리고 브라우저에서 처리될 때 바로 생성된다. 다음은 위에서 설명한 HTML 코드이다.

```html
<a class="navSkip" href="#navSkip" tabindex="1">Screen reader
users, click here to skip the navigation bar</a>
<div class="header splunk-header">
  <div id="placeholder-splunk-bar">
    <a href="{{SPLUNKWEB_URL_PREFIX}}/app/launcher/home"
      class="brand" title="splunk &gt; listen to your data">
        splunk<strong>&gt;</strong></a>
  </div>
<div id="placeholder-app-bar"></div>
</div>
<a id="navSkip"></a>
```

위의 HTML이 랜더링되었을 때 다음 화면과 같이 보여진다.

이 코드가 없으면 내비게이션바는 정확하게 동작하지 않을 수도 있기 때문에 아주 중요하다. 곧 SplunkJS 스택이 대시보드와 내비게이션에 어떻게 반영되는지 볼 것이다. 계속해서 HTML 대시보드의 코드를 보다 보면 패널들의 실제 HTML 레이아웃 부분을 볼 수 있다. 이 패널들은 아래에 코드처럼 이전에 변환한 SimpleXML로부터 만들어졌다.

```html
<div id="row1" class="dashboard-row dashboard-row1">
  <div id="panel1" class="dashboard-cell" style="width: 20%;">
    <div class="dashboard-panel clearfix">
      <div class="panel-element-row">
        <div id="element1" class="dashboard-element single" style="width:
          100%">
         <div class="panel-head">
         <h3>Total Revenue</h3>
       </div>
      </div>
```

```
      <div class="panel-body"></div>
    </div>
  </div>
</div>
</div>
```

렌더링되었을 때, HTML은 다음 화면과 같다.

overview 페이지에는 현재 7개의 패널이 있고, 각 패널들은 유사한 HTML을 사용한다. 그 패널들의 CSS는 커스텀 CSS 파일이 추가되면 페이지의 다른 스타일과 함께 일치하는 항목이 있으면 치환된다.

이어지는 코드는 이제 페이지의 자바스크립트 부분이다. 스플렁크는 HTML 대시보드 페이지에 사용되는 많은 다른 모듈을 포함하기 위해 RequireJS 프레임워크를 사용한다. 각각의 데이터 시각화는 자신만의 require 모듈을 가지며 페이지에서 사용하려면 페이지에 포함되어야 한다. 기본 설정부터 먼저 확인하자.

```
require.config({
  baseUrl: "{{SPLUNKWEB_URL_PREFIX}}/static/js",
  waitSeconds: 0 // Disable require.js load timeout
});
```

RequireJS 프레임워크의 설정이다. baseUrl 변수는 내장 스플렁크 라이브러리에 대한 정적 자바스크립트 위치를 알려준다. 이후에, 커스텀 모듈과 의존성을 해결하기 위해 수정된 require 설정을 사용할 것이다. SimpleXML 대시보드를 HTML 대시보드로 변환할 때, 스플렁크는 개발자에게 도움이 되도록 자바스크립트 코드에 RequireJS 프레임워크의 적절한 설정을 위한 주석을 포함한다. 다음 코드는 페이지에 필요한 라이브러리를 포함한다.

```
require([
  "splunkjs/mvc",
  "splunkjs/mvc/utils",
  ...
],
function(
  mvc,
  utils,
  ...
) { ...
```

이 require 문에서의 각 항목은 앞선 설정의 baseUrl 변수에 추가된다. 자바스크립트 파일이 포함되고 이어지는 함수에 위치한 변수에 저장된다. 그래서 파일 {{SPLUNKWEB_URL_PREFIX}}/static/js/splunkjs/mvc.js는 변수 mvc에 저장된다. 그 변수들은 데이터를 수집하고 시각화할 실제 작업에서 수행되도록 메인 함수main function에서 사용된다.

 HTML 대시보드의 복잡한 특성 때문에 검색과 데이터 시각화를 생성하기 전에 빈 SimpleXML 대시보드를 만들고, 변환하는 것을 권장한다. 이 방법은 필요한 모든 기본 라이브러리들이 포함되는 것을 보장하고, 개발 시간을 단축시킨다.

require 선언에 이어 함수가 시작된다. 이제 SplunkJS 스택이 HTML 대시보드 페이지에서 무엇과 연결되고 어떻게 다른 항목들을 생성하는지에 대해 알아보자.

SplunkJS 스택

SplunkJS 스택은 웹 개발자가 친근한 자바스크립트 환경에서 스플렁크 애플리케이션을 제작할 수 있게 도움을 주는 몇 가지 프레임워크를 포함한다. 첫 번째는 backbone.js이고, 대시보드 블록을 만드는 것 같은 MVC 프레임워크를 제공한다. 두 번째는 RequireJS이고, 각 스크립트의 의존성을 관리하는 데 도움을 준다. 세 번째는 제이쿼리이고 대시보드 안에서 도큐먼트 객체를 관리하는 데 도움이 된다.

마지막으로 스플렁크는 스플렁크 웹에서 볼 수 있는 뷰와 관리자에 대한 라이브 러리를 제공한다. 이 라이브러리의 뷰와 관리자를 살펴보지 않는다면 태만한 것이다. 그 라이브러리의 내용들은 RequireJS 함수의 자바스크립트 코드 안에 구현되어 있다.

 스플렁크 라이브러리의 각 항목들을 확인하다 보면, 내장 모듈 경로와 기본 변수 이름을 볼 수 있을 것이다. 그것들은 앞에서 언급된 RequireJS 함수에 위치해 있다. 이는 다음 방법처럼 추상화될 수 있다.

```
require ([ "<splunk module path>" ],

  function (<splunk variable name> ) {

  var example_1 = new <splunk variable name> ( {
    <options> });
});
```

기본 항목들이 보여진 후, 몇 가지 기본 옵션과 함께 예제가 제공된다. 그 옵션들은 좀 더 자세히 설명될 것이다. 그리고 해당 링크에 연결된 도큐먼트는 각 옵션에 대해 자세하게 알려줄 것이다.

검색과 관련된 모듈

자바스크립트 모듈에 대해 이야기해보자. 각 모듈에 대해서 설명할 때, 해당 모듈의 주된 목적, 모듈 경로, HTML 대시보드에서 사용되는 디폴트 변수 그리고 모듈의 자바스크립트 예시들을 같이 확인해 볼 것이다. 필요한 속성과 옵션이 무엇인지도 다룰 것이다.

SearchManager

SearchManager는 대시보드가 존재하는 주요 원동력이다. 이 모듈은 검색 쿼리, 검색시 프로퍼티property, 실제 검색 작업의 실행 등에 관련된 모든 검색 세부 사항을 포함한다. 객체를 확인해보고 샘플 코드에서 옵션들을 살펴보자.

```
Module Path: splunkjs/mvc/searchmanager
Default Variable: SearchManager
JavaScript Object instantiation
  Var mySearchManager = new SearchManager({
    id: "search1",
    earliest_time: "-24h@h",
    latest_time: "now",
    preview: true,
    cache: false,
    search: "index=_internal | stats count by sourcetype"
  }, {tokens: true, tokenNamespace: "submitted"});
```

기본적으로 요구되는 프로퍼티는 id 프로퍼티다. 이 프로퍼티는 HTML 대시보드 페이지 개발시 다른 객체에서 이 객체에 연결하기 위한 레퍼런스 ID이다. 간략하지만 빈칸 없이 서술형 이름으로 만드는 것이 좋다. search 프로퍼티는 옵션이고 모듈에서 실행될 SPL 쿼리를 포함한다. 적절하게 따옴표가 처리되었는지 확인하라, 그렇지 않으면 자바스크립트 예외처리가 될 것이다. earliest_time과 latest_time은 이벤트가 포함된 시간 범위를 부여하여 검색에서 반환되는 이벤트를 제어한다. 옵션의 마지막 토큰 레퍼런스의 두 번째 항목을 확인하라. 이 항목은 자동으로 검색을 실행한다. 이 항목이 없으면, 수동으로 검색이 실행되도록 해야한다. 몇 개의 다른 프로퍼티들도 있지만 스플렁크의 메뉴얼 페이지 http://docs.splunk.com/Documentation/WebFramework의 SearchManager 항목에서 확인할 수 있다.

 SearchManager는 페이지 로드시 자동으로 실행되도록 설정되어 있다. 이것을 막으려면 옵션에서 set autostart를 false로 설정한다.

SavedSearchManager

SavedSearchManager는 SearchManager의 동작과 매우 유사하지만, 일반(애드 훅) 검색 작업 대신 저장된 보고서 기능과 함께으로 사용된다. SavedSearchManager를 사용하는 장점은 성능에 있다. 레포트가 계획되어 있다면 데이터를 검색하는 작업들을 미리 실행하도록 SavedSearchManager를 설정할 수 있다. 다른 사용자가 스플렁크의 레포트를 실행하면, SavedSearchManager는 성능을 높이기 위해 Manager에서 사용자의 결과를 재사용할 수 있다. 코드를 살펴보자.

```
Module Path: splunkjs/mvc/savedsearchmanager
Default Variable: SavedSearchManager
JavaScript Object instantiation
  Var mySavedSearchManager = new SavedSearchManager({
    id: "savedsearch1",
    searchname: "Saved Report 1"
    "dispatch.earliest_time": "-24h@h",
    "dispatch.latest_time": "now",
    preview: true,
    cache: true
  });
```

필요한 2개의 프로퍼티는 id와 searchname이다. 그 프로퍼티들은 SavedSearchManager가 정확하게 실행하기 위해 있어야 할 필수 항목이다. 다른 옵션은 실행 옵션을 제외하고 SearchManager와 아주 유사하다. SearchManager는 earliest_time 옵션을 가지고 있지만, SavedSearchManager는 dispatch. earliest_time 옵션을 사용한다. 그 둘 모두 검색 결과에 대해 같은 기능을 하지만 다른 이름이 주어진다. 추가적인 옵션은 스플렁크의 메뉴얼 페이지 http://docs.splunk.com/Documentation/WebFramework의 SavedSearchManager 항목에서 확인할 수 있다.

PostProcessManager

PostProcessManager는 기본 검색 이후의 처리에 대한 것을 처리한다. SimpleXML와 비슷한 방식으로 이벤트들을 가져오고 주요 검색 이후 추가적인 분석과 변환을 수행하는 두 번째 검색을 처리한다. 또한 이 PostProcessManager를 사용하는 것은 성능과 관련되어 있다. 먼저 단일 작업을 실행하고, 그 결과에 추가적인 명령어를 수행한다. 따라서, 같은 정보에 대해 동시에 검색이 실행되는 것을 피한다. 여러 개의 결과를 저장하는 것이 아니라 단지 1개의 결과만을 저장하기 때문에 CPU와 RAM의 사용은 줄어들 것이다.

```
Module Path: splunkjs/mvc/postprocessmanager
Default Variable: PostProcessManager
JavaScript Object instantiation
  Var mysecondarySearch = new PostProcessManager({
    id: "after_search1",
    search: "stats count by sourcetype",
    managerid: "search1"
});
```

id 프로퍼티가 기본적으로 필요한 프로퍼티다. id 프로퍼티만 설정되었을 때 모듈은 아무 작업도 하지 않을 것이다. 그러나 차후 사용을 위해 설정할 수 있다. search 프로퍼티는 managerid 프로퍼티에 있는 manager의 search 프로퍼티에 추가된다는 것이 큰 특징이라는 것 외에 나머지 프로퍼티들은 SearchManager와 유사하다. 예를 들어 manager 검색이 search index=_ internal source=*splunkd.log이고 post process manager 검색이 stats count by host이면, post process manager의 전체 검색은 search index=_ internal source=*splunkd.log | stats count by host가 될 것이다. 추가적인 옵션은 스플렁크의 메뉴얼 페이지 http://docs.splunk.com/Documentation/WebFramework의 PostProcessManager 항목에서 확인할 수 있다.

뷰와 관련된 모듈

이 모듈들은 스플렁크에 내장된 뷰 및 데이터 시각화와 관련되어 있다. 데이터를 표시하는 차트부터 라디오 선택이나 드롭다운 같은 제어 그룹들이 포함된다. 스플렁크에 포함되고 기본으로 RequireJS 선언에 포함되어 있다.

ChartView

ChartView는 리스트 형식된 데이터들을 보여준다. 먼저 차트를 설명하고 어떻게 표현되는지에 대한 예제이다. ChartView는 모두 같은 방법으로 구현된다. 각 ChartView간의 유일한 차이점은 해당 ChartView에 어떤 검색을 사용했는가다.

```
Module Path:  splunkjs/mvc/chartview
Default Variable: ChartView
JavaScript Object instantiation
  Var myBarChart = new ChartView({
    id: "myBarChart",
    managerid: "searchManagerId",
    type: "bar",
    el: $("#mybarchart")
});
```

기본적으로 요구되는 프로퍼티는 id 프로퍼티다. 필요시 나중에 다른 오브젝트에서 참조될 수 있도록 오브젝트에 이 id를 부여한다. el 옵션은 이 뷰가 할당되고 생성되는 페이지의 HTML 엘리먼트를 지정한다. managerid는 HTML 대시보드상의 SearchManager, SavedSearchManager 및 PostProcessManager와 연결시 사용한다. 검색 결과는 각 Manager에서 ChartView로 넘겨지고 시각화된다. 각 차트 뷰는 charting.* 프로퍼티를 사용해서 다양하게 커스터마이징 할 수 있다. 예를 들어, charting.chart.overlayFields는 컴마로 구분된 필드 이름들이 있으면 고객 서비스 메트릭의 위에 SLA 시간 표시가 가능하게 다른 차트로 그 필드를 대체할 것이다. 설정 옵션의 전체 리스트는 다음 링크 http://docs.splunk.com/Documentation/Splunk/latest/Viz/ChartConfigurationReference에서 찾을 수 있다.

ChartView의 종류

ChartView 모듈을 소개하였으니, 스플렁크의 다른 기본 차트들을 살펴보자. 다음과 같은 형식으로 설명한다.

- 차트의 이름

- 차트 타입의 간단한 설명

- 자바스크립트 설정에서 사용할 타입 프로퍼티

- 이 차트 종류로 보여질 수 있는 예제 차트 명령어

- 차트의 예제 이미지

여기에서 다룰 ChartView들은 다음과 같다.

영역형

영역형Area 차트는 꺾은 선형 차트와 유사하고, 양적 데이터를 비교한다. 그래프는 양을 보여주기 위해 색상으로 채워진다. 이 차트는 보통 시간에 대한 데이터의 통계를 보여주기 위해 사용된다.

영역형 차트의 예는 다음과 같다.

```
timechart span=1h max(results.collecion1{}.meh_clicks) as MehClicks
max(results.collection1{}.visitors) as Visits
```

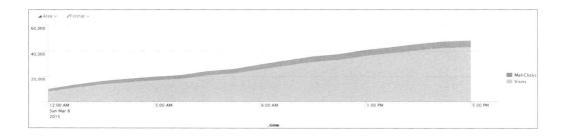

막대형

막대형Bar 차트는 x와 y축이 바뀐 것과 수직이 아니라 수평적으로 표시되는 것만 제외하면 세로막대형 차트와 유사하다. 막대형 차트는 다른 범주를 비교하는 데 사용된다.

막대형 차트의 예는 다음과 같다.

```
stats max(results.collection1{}.visitors) as Visits
max(results.collection1{}.meh_clicks) as MehClicks by
results.collection1{}.title.text
```

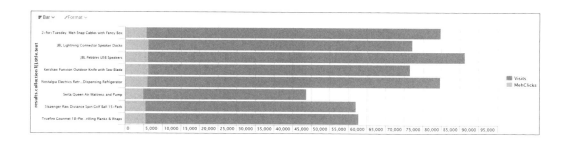

세로막대형

세로막대형Column 차트는 막대형 차트와 유사하지만, 막대형 차트는 수직축을 따라 표시된다. 세로막대형 차트의 예는 다음과 같다.

```
timechart span=1h avg(DPS) as "Difference in Products Sold"
```

필러 게이지

필러 게이지Filler gauge 차트는 스플렁크에서 제공되는 데이터 시각화 방법이다. 보통 퍼센트인 단일값을 표시하기 위해 만들어졌지만, 이산 값들을 표시하기 위해 조정될 수 있다. 필러 게이지 차트는 다른 범위의 값에 각각의 색상을 사용하며, 기본적으로 녹색, 노란색, 빨간색 순으로 사용한다. 그 색상은 charting.* 프로퍼티를 사용해서 변경될 수 있다. 이 필러 게이티 차트와 단일 값을 표시하는 다른 게이지 차트와의 차이점은 필러 게이지 차트만 색상과 값을 모두 같이 보여준다는 것이다.

필러 게이지 차트의 예는 다음과 같다.

```
eval diff = results.collection1{}.meh_clicks /
results.collection1{}.visitors * 100 | stats latest(diff) as D
```

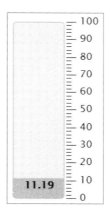

꺾은 선형

꺾은 선형Line 차트는 영역형 차트와 유사하지만 꺾은 선 밑의 영역을 색상으로 채우지 않는다. 이 차트는 시간에 대한 이산 측정값을 보여주기 위해 사용될 수 있다.

꺾은 선형 차트는 다음과 같다.

```
timechart span=1h max(results.collection1{}.meh_clicks) as MehClicks
max(results.collection1{}.visitors) as Visits
```

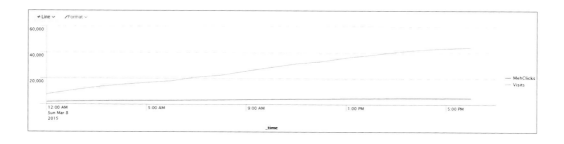

마커 게이지

마커 게이지Marker gauge 차트는 단일값을 표시하는 스플렁크의 기본 데이터 시각
차트이다. 보통 퍼센트 값을 사용하겠지만, 필요에 따라 변경할 수 있다. 이 마커
게이지 차트는 기본적으로 녹색, 노란, 빨간색 순서로 서로 다른 값들에 대해 적용
된다. 이 색상들도 charting.* 프로퍼티를 사용해서 변경될 수 있다.

마커 게이지 차트의 예는 다음과 같다.

```
eval diff = results.collection1{}.meh_clicks /
results.collection1{}.visitors * 100 | stats latest(diff) as D
```

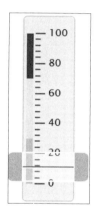

원형 차트

원형 차트Pie Chart는 퍼센트를 보여주는 데 유용하다. '원형'의 한 부분이 다른 부
분과 얼마나 차이가 있는지 빠르게 비교하기에 좋은 차트이다. 실제 측정값은 관
련이 없을 수도 있다.

원형 차트의 예는 다음과 같다.

```
top op_action
```

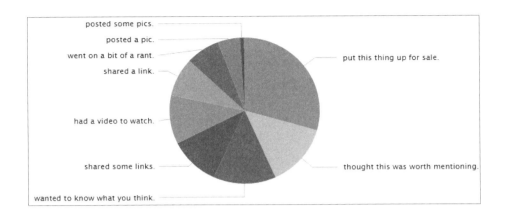

방사형 게이지

방사형 게이지Radial gauge는 단일값을 표시하기 위해 스플렁크에서 제공되는 또다른 차트이다. 보통 퍼센트를 보여주기 위해 사용되지만 이산 값을 보여주기 위해 조정될 수 있다. 방사형 게이지는 기본적으로 녹색, 노란, 빨간색 순으로 서로 다른 값에 적용된다. 이 색상은 charting.* 프로퍼티를 사용해서 변경할 수 있다.

방사형 게이지의 예는 다음과 같다.

```
eval diff = MC / V * 100 |  stats latest(diff) as D
```

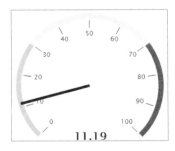

산포도

산포도Scatter는 x와 y축 차트(데카르트 좌표)에 2개의 데이터 집합을 그릴 수 있다. 이 차트는 주로 시간에 비종속적이고 데이터에서 상관(원인은 아니다)을 찾는 데 유용하다.

산포도의 예는 다음과 같다.

```
table MehClicks Visitors
```

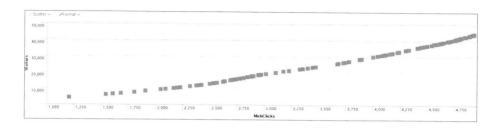

화면 처리와 관련된 모듈

이어지는 모듈들은 화면에서 입력과 관련된 것들이다:

CheckboxView

CheckboxView는 HTML 체크박스를 표시한다. 이 체크박스의 값은 선택이 되었는지(true/false) 확인하기 위해 Boolean 값으로 처리될 수 있다. (이 장의 마지막에 이야기할) 토큰화를 사용하여, 대시보드 안의 패널과 다른 뷰를 새로고침하는 check/uncheck 액션 트리거를 가질 수 있다.

기본적으로 필요한 옵션은 id와 체크박스가 표시될 곳을 지정하는 el 프로퍼티다.

```
Module Path : splunkjs/mvc/checkboxview
Default Variable:  CheckboxView
JavaScript Object instantiation
  new CheckboxView( {
    id : "myCheckbox",
    el: "#checkboxview"
}, {tokens : true, tokenNamespace: "submitted " } ).render();
```

CheckboxGroupView

CheckboxGroupView는 HTML 체크박스의 그룹을 표시한다. 각 항목의 값은 체크가 되었는지(true/false)를 알려주기 위해 Boolean 값으로 처리될 수 있다. 토큰화를 사용하여 대시보드안에서 패널과 다른 뷰를 새로고침하는 check/uncheck 액션 트리거를 가질 수 있다.

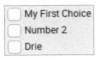

기본적으로 필요한 옵션은 id와 체크박스가 표시될 곳을 지정하는 el이다. 이 확인란 그룹은 managerid 프로퍼티를 정의해서 검색 결과에서 생성될 수 있다. managerid를 정의할 때, labelField와 valueField 프로퍼티를 설정했는지 확인하라. 그것들은 검색 결과를 체크박스 그룹으로 연결하기 때문이다.

```
Module Path : splunkjs/mvc/checkboxgroupview
Default Variable : CheckboxGroupView
JavaScript  Object instantiation
  new CheckboxGroupView( {
    id : "myCheckboxGroup", choices : [
    { label: "My First Choice", value : "1" },
    { label: "Number 2", value : "2"},
    { label: "Drie", value : "3"}], el: $("#checkboxgroupview" )} ,
    { tokens : true,   tokenNamespace : "submitted"}).render();
```

DropdownView

DropdownView는 예상대로 드롭다운 메뉴이다. 선택항목으로 구성된 HTML 드롭다운을 표시한다. 선택항목들은 정적이거나 앞선 SearchManager에서 만들어질 수 있다. managerid를 정의할 때 labelField와 valueField 프로퍼티를 설정했는지 확인하라. 그것들은 검색 결과를 드롭다운에 연결하기 때문이다.

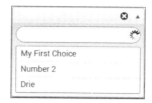

기본적으로 필요한 옵션은 id와 드롭다운이 표시될 곳을 지정하는 el이다.

```
Module Path:  splunkjs/mvc/dropdownview
Default Variable: DropdownView
JavaScript Object instantiation
  new DropdownView({
    id: "dropdownview",
    choices: [
      {label: "My First Choice", value: "1"},
      {label:" Number 2", value: "2"},
      {label:" Drie", value: "3"}],
      el: $("#dropdownview")
  },  {tokens: true, tokenNamespace: "submitted"}).render();
```

EventsViewerView

EventsViewerView는 SearchManager의 원시 이벤트를 표시한다. 그리고 페이지와 형식을 포함한다. 기본적으로 필요한 옵션은 id와 이벤트가 표시된 곳을 지정하는 el 프로퍼티다. click 이벤트 핸들러를 사용하여 이벤트가 클릭되었을 때 의도된 동작을 하도록 프레임워크에게 전달할 수 있다. 이 뷰는 어떻게 기본 list에서 이벤트가 표시되는지 정의하는 '타입'을 가진다.

```
Module Path:  splunkjs/mvc/eventviewview
Default Variable: EventsViewer
JavaScript Object instantiation
  new EventsViewer({
    id: "eventviewer",
    managerid: "mySearchManager",
    type: "table",
    el: "#eventviewer"
  }).render();
```

뷰가 생성되면, 이벤트들은 다음 화면과 같이 표시될 것이다.

FooterView

FooterView는 스플렁크 페이지의 아래부분을 표시한다. 기본적으로 필요한 옵션
은 id와 el 프로퍼티다.

```
Module Path:  splunkjs/mvc/footerview
Default Variable: FooterView
JavaScript Object instantiation
  new FooterView({
    id: "myfooter",
    el: "#splunkfooter"
  }).render();
```

뷰가 생성되면, 각 이벤트는 다음 화면과 같이 표시될 것이다.

HeaderView

HeaderView는 스플렁크 페이지의 헤더를 표시한다. 헤더는 앱 선택 드롭다운 및
설정과 다른 스플렁크 항목을 선택하는 사용자 메뉴, 앱의 내비게이션 바이다. 기
본적으로 필요한 옵션은 id와 el 프로퍼티다.

```
Module Path:  splunkjs/mvc/headerview
Default Variable: HeaderView
JavaScript Object instantiation
```

```
new HeaderView({
    id: "myheader",
    el: "#splunkheader"
}).render();
```

뷰가 생성되면, 이벤트는 다음 화면과 같이 보일 것이다.

MultiDropdownView

MultiDropdownView는 HTML 다수-선택 폼항목을 표시한다. 이것은 다수 옵션을 선택하고 그 값을 다른 함수에서 사용하게 한다. 기본적으로 필요한 옵션은 id과 드롭다운이 표시될 곳을 지정하는 el 프로퍼티다. 선택은 고정 항목이거나 SearchManager에서 생성될 수 있다.

managerid가 정의될 때, labelField와 valueField 프로퍼티가 설정되었는지 확인하라. 왜냐하면 검색 결과를 multidropdownview에 연결할 것이다.

```
Module Path:  splunkjs/mvc/multidropdownview
Default Variable: MultiDropdownView
JavaScript Object instantiation
  new MultiDropdownView({
    id: "multidropdownview",
    choices: [
      {label: "My First Choice", value: "1"},
      {label:" Number 2", value: "2"},
      {label:" Drie", value: "3"}],
      el: $("#multidropdownview")
}, {tokens: true, tokenNamespace: "submitted"}).render();
```

뷰가 생성되면, 이벤트는 다음 화면과 같이 표시될 것이다.

RadioGroupView

RadioGroupView는 HTML 라디오 그룹 폼 항목을 표시한다. 단일 값을 선택하고 그 값을 다른 함수에서 사용하게 한다. 기본적으로 필요한 옵션은 id와 라디오 그룹이 표시될 el 프로퍼티다. 선택은 고정 항목이거나 SearchManager에서 생성될 수 있다. managerid를 정의할 때, labelField와 valueField 프로퍼티가 설정되었는지 확인하라. 왜냐하면 검색 결과를 라디오 그룹 뷰로 연결하기 때문이다.

```
Module Path:  splunkjs/mvc/radiogroupview
Default Variable: RadioGroupView
JavaScript Object instantiation
  new RadioGroupView({
    id: "radiogroupview",
    choices: [
      {label: "My First Choice", value: "1"},
      {label:" Number 2", value: "2"},
      {label:" Drie", value: "3"}],
      el: $("#radiogroupview")
  },  {tokens: true, tokenNamespace: "submitted"}).render();
```

뷰가 생성되면, 이벤트는 다음 화면과 같이 표시될 것이다.

SearchBarView

SearchBarView는 기본 검색 바와 시간범위선택기time range picker를 표시한다. 기본적으로 필요한 옵션은 id와 검색바가 표시될 곳을 지정하는 el 프로퍼티다. 다음처럼 생성될 때 검색바는 실제로 기존의 SearchManager를 변경하기 않을 것이다. 토큰화를 사용하고 다른 스플렁크 뷰의 자동 새로고침을 시키기 위해 리스너를 변경해야만 한다.

```
Module Path:  splunkjs/mvc/searchbarview
Default Variable: SearchBarView
JavaScript Object instantiation
```

```
new SearchBarView({
  id: "searchbarview",
  el: $("#searchbarview")
}).render();
```

뷰가 생성이 되면, 이벤트는 다음 화면처럼 표시될 것이다.

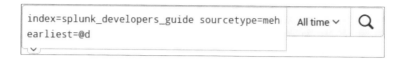

SearchControlsView

SearchControlsView는 쿼리에 대한 기본 검색 컨트롤을 표시한다. 이 뷰는 작업과 연관된 실행을 위한 작업 드롭다운, 스마트 모드 드롭다운(말하자면, 스마트 및 고속 모드), 그리고 검색을 일시 정지 및 중지할 컨트롤을 포함한다. 기본적으로 필요한 옵션은 id와 그 컨트롤이 표시될 곳을 지정하는 el 프로퍼티다.

```
Module Path:   splunkjs/mvc/searchcontrolsview
Default Variable: SearchControlsView
JavaScript Object instantiation
  new SearchControlsView({
    id: "searchcontrolsview",
    el: $("#searchcontrolsview")
  }).render();
```

뷰가 생성되면, 이벤트는 다음 화면과 같이 표시된다.

SimpleSplunkView

SimpleSplunkView는 특별하다. 이 뷰는 D3 커스텀 시각화 같이 직접 생성되는 뷰는 아니다. 새로운 뷰의 확장을 위해 존재하는 기본 클래스이다. 6장에서 SimpleSplunkView의 확장에 대해 다룰 것이다.

SingleView

SingelView는 단일 값으로 된 HTML 오브젝트를 생성한다. 기본적으로 필요한 옵션은 id와 단일 값이 표시될 곳을 지정하는 el 프로퍼티다. 효과적으로 사용하기 위해, 결과를 단일값으로 줄이기 위해 PostProcessManager 사용을 추천한다. 필요시 정확히 값을 유지하는데 도움이 된다. 라벨을 앞과 뒤에 추가할 수도 있다. 값의 앞뒤로 지정된 텍스트를 표시하는 것이다.

```
Module Path:   splunkjs/mvc/singleview
Default Variable: SingleView
JavaScript Object instantiation
  new SingleView({
    id: "singleview",
    field: "count",
    afterLabel: "count",
    el: "#singleview"
  }).render();
```

뷰가 생성이 되면, 결과는 다음 화면처럼 표시될 것이다.

SplunkMapView

SplunkMapView는 geostats 명령어를 사용해서 선택한 필드값을 표시하면서 세계의 전체 지도를 보여준다. 맵의 적절한 데이터셋을 생성하기 위해 geostats 명령어 사용을 권장한다. 기본적으로 필요한 옵션은 id와 맵이 표시될 곳을 지정하는 el 프로퍼티다.

```
Module Path:   splunkjs/mvc/splunkmapview
Default Variable: SplunkMapView
JavaScript Object instantiation
  new SplunkMapView({
    id: "splunkmapview",
    managerid: "smvppm",
    tileSource: "splunk",
```

```
    el: $("#splunkmapview")
}).render();
```

뷰가 생성이 되면, 결과는 다음 화면과 같이 표시될 것이다.

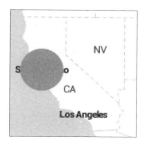

TableView

TableView는 검색 결과를 형식이 있는 테이블로 표시한다. 기본적으로 필요한 옵션은 id와 테이블이 표시될 곳을 지정하는 el 프로퍼티다.

```
Module Path:  splunkjs/mvc/tableview
Default Variable: TableView
JavaScript Object instantiation
  new TableView({
    id: "tableview",
    managerid: "smvppm",
    el: $("#tableview")
  }).render();
```

뷰가 생성되면, 결과는 다음 화면과 같이 표시될 것이다.

geobin ⇕	latitude ⇕	longitude ⇕
bin_id_zl_0_y_5_x_1	37.78305	-122.39107
bin_id_zl_1_y_11_x_2	37.78305	-122.39107
bin_id_zl_2_y_22_x_5	37.78305	-122.39107
bin_id_zl_3_y_45_x_10	37.78305	-122.39107
bin_id_zl_4_y_90_x_20	37.78305	-122.39107
bin_id_zl_5_y_181_x_40	37.78305	-122.39107

TextInputView

`TextInputView`는 대시보드의 폼에서 일반적으로 사용되는 HTML 텍스트 입력박스를 표시한다. 이 폼 입력은 토큰화의 장점을 가지며, 설정되는 `SearchManager`를 지정하여 사용할 수 있다. 기본적으로 필요한 옵션은 `id`와 텍스트박스가 표시될 곳을 지정하는 `el` 프로퍼티이다.

```
Module Path:  splunkjs/mvc/textinputview
Default Variable: TextInputView
JavaScript Object instantiation
  new TextInputView({
    id: "textinputview",
    el: $("#textinputview")
  }).render();
```

뷰가 생성이 되면, 결과는 다음 화면과 같이 보일 것이다.

TimeRangeView

`TimeRangeView`는 시간 범위에 대해 기본값을 가진 기본 스플렁크 뷰이다. 기본적으로 필요한 옵션은 `id`와 `time range view`가 표시될 곳을 지정하는 `el` 프로퍼티다.

```
Module Path:  splunkjs/mvc/timerangeview
Default Variable: TimeRangeView
JavaScript Object instantiation
  new TimeRangeView({
    id: "timerangeview",
    el: $("#timerangeview")
  }).render();
```

뷰가 생성이 되면, 결과는 다음 화면처럼 표시될 것이다.

All time ∨

TimelineView

`TimelineView`는 특정 시간 범위 안의 이벤트 수를 나타내는 바를 가진 표준 스플렁크 타임라인을 표시한다. 기본적으로 필요한 옵션은 `id`과 타임라인 뷰가 표시될 곳을 지정하는 `el` 프로퍼티다.

```
Module Path:   splunkjs/mvc/timelineview
Default Variable: TimelineView
JavaScript Object instantiation
  new TimelineView({
    id: "timelineview",
    managerid: "pollraw",
    el: $("#timelineview")
  }).render();
```

뷰가 생성이 되면, 결과는 다음 화면처럼 표시될 것이다.

토큰화

토큰화는 대시보드에서 토큰을 사용하는 것을 뜻한다. 토큰은 대시보드에서 값의 저장을 위한 장소이다. 토큰은 동적으로 대시보드에서 최신화될 수 있다. 검색과 다른 객체들은 특별한 구문으로 그 값에 접근할 수 있다. 기본 구분은 '$'로 토큰 변수 이름을 감싸는 것이다. 예를 들면 `TextInputView`를 미리 정의하고 그것에 토큰 이름 `myText`를 지정하면 `$myText$`로서 그 값을 참조할 수 있다.

대시보드에서 토큰값을 생성하는 여러 방법들이 있다. 일반적으로 다음과 같은 방법들이 있다.

- 폼의 입력값을 캡처하여 토큰을 정의한다.

- 토큰의 값에 기반하여 조건부 작업을 구체화하여 토큰을 정의한다.

- 이전에 정의된 토큰에 기반하여 값을 사용하는 검색어에서 토큰을 정의한다.

- 스플렁크 엔터프라이즈는 접근할 수 있는 값을 정의한다. 정의된 토큰은 시각화, 시간 입력 그리고 라벨에 대한 토큰과 폼 입력값을 포함한다.

사용할 토큰을 정의했으니 토큰을 사용할 필요가 있다. 사용하고 싶은 부분 어디에서나 그 토큰을 사용할 수 있고, 데이터를 보여주는 데 도움이 될 것이다. 자바스크립트에서 토큰을 사용하기 위해서는 특정 문법으로 그것을 정의해야 한다. 예를 들어, `foo`라 불리는 키 값을 가진 `json` 오브젝트를 가지고 있고 페이지의 다른 부분에서 그 용어를 동적으로 정의하기 원한다면, `myJson{ "foo" : mvc.tokenSafe("$myText$")` 와 같이 그 키값이 안전하게 토큰화되도록 할 필요가 있다. 이것은 `myText`의 값을 필요한 위치에 연결시킬 것이고, 언제든 페이지가 그 토큰을 필요로 할 때 사용할 수 있다.

자바스크립트 관점에서 다음 코드처럼 `TextInputView`에 토큰을 적용해보자.

```
new TextInputView({
  id: "myNextText",
  value: mvc.tokenSafe("$goandgetthem$"),
  el: $("#myNext")
}).render();

new SearchManager({
  id: "vpnConn",
  search: mvc.tokenSafe("index=<여러분이 사용하는 vpn index> $goandgetthem$ ")
});
```

아시다시피, `TextInputView`의 값은 이제 `$goandgettem$` 토큰에 연결된다. 토큰이 변경될 때마다 검색도 변경된다. 그리고 토큰에 새 값이 적용되면 검색을 다시 실행할 것이다.

CSS를 사용해 스플렁크 대시보드 커스터마이징

여러 종류의자바스크립트 모듈을 살펴보았다. 이제 Overview 대시보드를 커스터마이징해보자. 이미 SimpleXML 대시보드를 HTML 대시보드로 변환하였다. 여기에 지금 몇 가지 특별한 스타일을 추가하고자 한다. 앱의 appserver/static 폴더 안에 대시보드 CSS 파일을 생성하면서 시작한다. 이 파일의 코드로 스플렁크 CSS 스타일을 대체하고 나중에 특히 D3 시각화와 관련된 코드들을 추가할 것이다. dashboard.css 파일 안에 다음 CSS 코드를 추가한다.

```
.dashboard-row .dashboard-panel {
  border: 1px dashed black;
}
```

이 CSS는 기본 스플렁크 스타일을 대체하면서 대시보드 안의 각 패널에 1픽셀의 점선 테두리를 추가할 것이다. CSS 파일이 준비되었으니 HTML 대시보드 페이지에 그것을 포함하는 것이 필요하다. 스플렁크 CSS의 내용을 대체하기 위해 스플렁크 안에 포함된 부트스트랩 CSS 이후에 CSS를 포함해야 한다. 이는 HTML 대시보드의 클로징 헤드 태그 </head> 전에 다음 코드 라인을 추가하는 것처럼 간단하다. HTML 대시보드를 편집하는 2가지 방법이 있다. 첫 번째 것은 내장 에디터를 사용하는 것이다. 대시보드의 오른쪽 윗부분에 위치해 있는 편집 소스 항목에 드롭다운이 있다. 그것을 클릭하면 대시보드의 소스를 편집하게 하는 웹기반 인터페이스가 나타난다. 내장 에디터를 사용하는 장점이 있다. 주로, 가장 쉬운 장점은 디버그 엔드포인트를 새로고침할 필요가 없다는 것이다.

 내장 에디터 없이 appserver/static페이지의 파일들을 편집하면 그 변경을 적용하기 위해 debug/refresh 엔드포인트를 실행해야 한다.

HTML을 살펴보자.

```
<link rel="stylesheet" type="text/css"
href="{{SPLUNKWEB_URL_PREFIX}}/static/app/SDG/dashboard.css" />
```

href를 보고 분석해보자. 이미 {{SPLUNKWEB_URL_PREFIX}} 변수를 논의하였고, 그것은 정적 폴더 /static/app/SDG이다. 이 static 폴더는 앱의 디렉토리 구조 안에 위치한 /appserver/static 폴더를 연결한다. 필요하다면 커스텀 디렉토리 구조를 정의할 수도 있고 별도의 폴더에 자바스크립트와 CSS 커스컴 파일들을 넣을 수 있다. 이는 다수의 CSS 파일과 자바스크립트들이 구분 및 조직화됨을 유지하게 하는 데 도움이 될 수 있다. 페이지가 새로고침되면, 대시보드의 항목이 다음 화면처럼 보이게 될 것이다. 이제 점선으로 된 테두리를 알아챌 것이다.

Total Revenue	Total Products Sold	Average Product Price	Average Product Sold per Item	Average Revenue per Item
$92,015	#230,140	$27	#38,357	$5,355

다른 스타일이다. 이제 전체 부분을 단일 대시보드 셀로 변경하는 것을 계속해보자. 이것은 대시보드에게 더 응집스타일을 주며 셀 사이의 공간을 줄일 것이다. **편집** 버튼을 드롭다운하고 **소스 편집**을 선택하라. 각 패널의 첫 부분은 아래처럼 코딩되어 있다. 이 코드를 각 패널은 주 (아니면 첫 번째) 패널로 통합하기 위해 변경이 필요하다.

```
<div id="panel1" class="dashboard-cell" style="width: 20%;">
  <div class="dashboard-panel clearfix">
    <div class="panel-element-row">
```

 기본적으로, 부트스트랩은 각 HTML 대시보드에 포함되어 있다. 원하는 만큼 그리드를 만드는 것은 쉽다. 부트스트랩에 대해 자세한 사항은 http://getbootstrap.com/examples/grid를 참고하라.

각 패널을 단일 패널로 위치시키기 위해, dashboard-panel clearfix 클래스를 가진 각 div 태그를 제거하라. 최종 결과는 단일 div 태그를 갖게 되고, ID panel1을 가진 경우, panel-element-row 클래스를 가진 5개의 div 태크를 가진다. 아직 좀 더 할 일이 남아 있다. 이제 패널을 수직 방향으로 놓는 것이다. 변환하는 각 패널은 기본 CSS를 사용하여 다른 패널의 위에 쌓일 것이다. 이것을 수평 레이아웃으로 변경하기 위해, 새로운 inline-panel CSS 클래스를 만들었고, 그것은 이전에 변경한 dashboard.css에 추가하였다.

```
.dashboard-row .dashboard-panel .inline-panel {
  display: inline-block;
  width: 19%;
  vertical-align: bottom;
  text-align: center;
}
```

어떻게 dashboard-row와 dashboard-panel을 모두 추가했는지 확인하라. 이는 오직 대시보드 패널로만 범위를 두면서 CSS를 수정하는 데 도움이 된다. 이 CSS를 dashboard.css 파일에 추가하였고, debug/refresh 엔드포인트를 호출할 필요가 있다. 로딩이 끝나면 Overview 대시보드를 새로고침하고 어떻게 변경되었는지 확인하라.

대시보드가 어떻게 변하였는가? 5개로 된 각각의 값을 표시하는 대신 한 곳에 5개의 관련된 값이 표시된다. 이렇게 하면 앱 사용자의 시선을 집중시키고 값 사이의 공간을 제거한다. 차트는 여전히 회색 공간으로 구분되지만 2개의 차트는 직접 연결되지 않기에 그것들을 같은 패널에 놓을 필요가 없다. 이것은 아주 간단한 사례이지만, 존재하는 클래스를 수정하고 새롭고 시각적으로 훌륭한 대시보드를 생성해서 추가하는 것이 얼마나 쉬운지 보여준다. CSS의 모든 능력은 앱에서 사용될 수 있다.

자바스크립트를 사용해서 스플렁크 대시보드 커스터마이징

커스텀 자바스크립트를 사용하기 전에, 대시보드에 애니메이션을 포함하기 위해 이미 포함된 자바스크립트를 사용해보자. 이 예에서, 추가 컨트롤을 각 패널이 슬라이드되도록 패널에 추가할 것이다. 이는 사용자에게 관심 없는 차트를 숨기거나 분석을 원하는 차트를 보기 위해 더 많은 공간을 갖기 위한 컨트롤을 주는 장점이 있다.

먼저 슬라이드 컨트롤을 추가하자. 2개 차트의 panel-element-row div 태그 바로 다음에, panel-head div 태그를 볼 것이다. panel-head div 태그 다음에, dashboard-element div 태그를 볼 것이다. 적용되는 개념은 슬라이드 컨드롤로서 헤더를 사용한다는 것이다. 이렇게 헤더를 보이게하고, 앱 사용자는 데이터가 더 있다는 것을 알 수 있다. 이를 위해, 엘리먼트 이전에 헤더를 이동한다. 기본 코드는 엘리먼트 div 안에 포함된 헤더를 보여준다.

```
<div id="element6" class="dashboard-element chart" style="width: 100%">
  <div class="panel-head">
    <h3>Product Condition</h3>
  </div>
<div class="panel-body"></div>
</div>
```

다음 수정된 코드는 슬라이드 컨트롤을 만들기 위해 div 태그가 어떻게 구성될 필요가 있는지 보여준다.

```
<div class="panel-head" id="element6slideControl">
  <h3>Product Condition</h3>
</div>
```

```
<div id="element6" class="dashboard-element chart" style="width: 100%">
  <div class="panel-body"></div>
</div>
```

헤더는 이제 엘리먼트 차트 전에 위치한다. 헤더 div에 필요한 유일한 다른 수정은 id 속성을 추가하는 것이다. 이것은 자바스크립트에게 연결될 엘리먼트를 줄 것이다. slideToggle함수는 (이미 기본으로 포함된) 제이쿼리의 내장 함수이므로, 커스텀 자바스크립트 파일을 포함할 필요가 없다. 슬라이드 기능을 추가하기 위해, Dashboard Ready 부분을 찾을 때까지 대시보드의 HTML 소스코드를 탐색한다. 이 부분은 (SimpleXML을 HTML로 변환했다면) 주석으로 되어 있다. 그 부분 바로 앞에 다음 자바스크립트 코드를 추가하라.

```
$("#element6slideControl").click(function(){
  $("#element6").slideToggle("slow");
  $("#panel6").resize();
  element6.render();
});

$("#element7slideControl").click(function(){
  $("#element7").slideToggle("slow");
  $("#panel7").resize();
  element7.render();
});
```

대시보드를 저장한다. 대시보드가 로딩을 완료하면, 변한 것이 없어 보일 것이다. 하지만 사실 차트의 헤더를 이제 클릭할 수 있다. 자 어떤가! 서서히 슬라이드될 것이다. 대시보드가 작은 공간에 더 많은 데이터가 위치할 수 있게 다음 화면처럼 보일 수 있을 것이다.

Total Revenue	Total Products Sold	Average Product Price	Average Product Sold per Item	Average Revenue per Item
$92,015	#230,140	$27	#38,357	$5,355

Product Condition		Did the Item Sell out?	

이 방법은 기본적으로 제이쿼리가 페이지에 포함되기 때문에 내장 제이쿼리 함수의 어떤 것도 적용될 수 있다.

이제 몇 가지 커스텀 자바스크립트를 추가해보자! 커스텀 자바스크립트는 CSS와 같은 방법으로 포함된다. 그러나 페이지 안에서 위치는 어떻게 자바스크립트가 사용될지에 따른다. RequireJS 모듈뿐만 아니라 일반 함수도 포함될 수 있다. <script> 태그를 사용하는 방법에 대한 표준 방식은 커스텀 자바스크립트를 추가하는 것에도 가능하다. 포함 문장의 거의 대부분의 위치는 SplunkJS 라이브러리를 포함하는 자바스크립트 바로 앞일 것이다.

이 예에서, 대시보드에 간단한 함수를 추가할 것이다. (다음에 보이는 것처럼) 이 함수는 문자열을 가지고 천의 단위로 구분하기 위해 컴마로 구분된 문자열로 반환한다.

```
function numberWithCommas(x) {
  return x.toString().replace(/\B(?=(\d{3})+(?!\d))/g, ",");
}
```

이 함수는 appserver/static의 dashboard.js 파일에 저장된다. 파일에 해당 코드를 추가하자. simplexml.min/config.js를 대시보드에 포함하는 대시보드의 라인을 찾는다. 그 라인 이후에 필요한 추가적인 자바스크립트 파일을 추가할 것이다. 다음을 추가하자.

```
<script src="{{SPLUNKWEB_URL_PREFIX}}/static/app/SDG/dashboard.js" />
```

아주 간단하지 않은가? 이제 그것을 사용해야 할 이유도 있고 아주 간단하다. 일단 페이지에 포함이 되면 포함된 이후 어디에서든 사용할 수 있다. 해보는 데 큰 시간을 필요로 하지 않는다. 대시보드에 라이브러리를 포함하는 더 좋은 방법이 있다. 제이쿼리는 대시보드에 기본으로 포함되어 있다. 그것은 스플렁크 웹 프레임워크를 위한 기반 프레임워크이다.

그러나 제이쿼리 플러그인을 포함하고 싶다고 하자. 어떻게 할까? 스플렁크는 RequireJS를 사용하기 때문에, 대답은 간단하다. RequireJS를 사용하는 것이다.

sidr이라는 플러그인을 추가해보자. 이 플러그인은 사이드 및 위쪽 슬라이드 플러그인이다. https://github.com/artberri/sidr의 온라인에서 찾을 수 있다. 라이브러리를 다운로드하고 appserver/static 폴더에 압축을 푼다. 몇 개의 CSS와 자바스크립트 파일을 추가하면서 어떻게 시작하는 방법을 알아챘는가? 2개의 신규 폴더(css와 js)를 만들어보자. sidr의 CSS 파일을 css 폴더로 옮기고 sidr의 JS 파일을 js 폴더로 옮긴다. 모두 옮겨지면, 대시보드를 편집하여 CSS 파일을 포함한다.

```
<link rel="stylesheet" type="text/css"
href="{{SPLUNKWEB_URL_PREFIX}}/static/app/SDG/css/jquery.sidr.dark.css" />
```

이제 슬라이드될 곳의 엘리먼트가 필요하다. 대시보드 헤더 아래에 다음을 추가한다.

```
<a id="simple-menu" href="#sidr">Toggle menu</a>
<div id="sidr"><div id="sidr_content">
</div>
</div>
```

다음에, RequireJS를 사용하여 제이쿼리 플러그인 자바스크립트 파일을 포함한다. require.config의 부분을 찾는다. 기본 내용을 다음 코드로 교체한다.

```
var AppBase = "{{SPLUNKWEB_URL_PREFIX}}/static/app/SDG/js";
require.config({
  baseUrl: "{{SPLUNKWEB_URL_PREFIX}}/static/js",
  paths : {
    "sidr": AppBase + "/jquery.sidr.min"
  },
  shim : { "sidr" : { deps: ["jquery"] }},
  waitSeconds: 0 // Disable require.js load  timeout
});
```

변경 내용을 살펴보자. 변수 AppBase는 앱의 기본 자바스크립트 폴더를 가르킨다. 반드시 필요하지는 않지만, AppBase 변수는 특히 다양한 플러그인이 필요할 때 도움이 된다. paths 객체에서 이전에 다운로드된 자바스크립트 파일에 대한 경로를 지정하는 곳을 알 수 있다. 객체 필드 이름 sidr은 나중 설정에서 그 경로에 대한 참조로 사용된다. 다음은 shim 객체이다. shim은 라이브러리 간의 의존성을 정의한다. 일반적인 설정 문법은 "PATH_NAME" : { deps: [ARRAY OF PATH_NAMES] } 이고 필요가 있는 한 개의 객체로 이루어진다. 이 sidr은 제이쿼리를 필요로 하고 제이쿼리는 스플렁크에 포함되어 있기 때문에, 원래 내장 이름을 참조할 수 있다.

다음으로, (일반적으로 config 바로 다음의) require 함수를 찾는다. 그리고 라이브러리 와 모듈의 배열을 찾는다. 그 끝에 sidr을 추가한다. 다음과 같은 코드일 것이다.

```
"splunkjs/mvc/simplexml/urltokenmodel", "sidr"
```

위의 코드는 sidr 라이브러리가 의존하는 라이브러리가 로드된 후에만 sidr 라이 브러리를 로드한다. 필요한 다른 사항은 라이브러리를 할당하는 변수이다. 다음 부분에서 변수 항목들의 끝을 찾고 의미있는 변수 이름을 추가한다.

```
UrlTokenModel,
Sidr
```

여기서는 Sidr이라고 정했다. 이것은 지금 라이브러리를 포함하는 자바스크립트 변수이다. 이것은 제이쿼리 플러그인이기 때문에, 제이쿼리 플러그인처럼 사용할 수 있을 것이다. 생성은 쉽다. pageLoading = true 아래 자바스크립트에서 해당 위치를 찾고 $("#simple-menu").sidr();을 추가한다. 그후 대시보드를 저장한 다. 잠깐, 어디에 있지? 음, 숨겨져 있다. 대시보드의 윗부분에서 '토글 메뉴' 링크 를 찾고, 그것을 클릭한다. 패널이 표시된다. 훌륭하다! 간단하지만, 추가적인 제이 쿼리 플러그인과 다른 자바스크립트를 추가할 수 있다. 이제 최종 결과물이다. 가 장 최근의 판매 통계로 된 테이블을 추가했다.

이 내용을 만들기 위해 사용한 코드에 대한 다운로드 링크를 참조하라. 슬라이드 를 위해 아이콘 같은 시각적으로 흥미로운 설정을 사용한 것을 확인하라. 앱 사용 자들은 빠르게 그것들을 인식하고 텍스트를 찾을 필요가 없다.

○	○
Product	Ooma Telo Air Classic with Wireless Adapter (Refurbished)
Meh Clicks	5319
Visitors	50454
% Didn't Fall for It	99.53
Items Sold	268
Total Revenue	18313

커스텀 D3 시각화

이제 우리는 슬라이드 기능을 가졌다. 시각화로 이동해보자. 상품들의 가격에 대한 몇 가지 통계를 보여주는 정보 그래프를 추가하고자 한다. 그럼 박스 플롯을 사용해보자! D3는 http://bl.ocks.org/mbostock/4061502에서 훌륭한 예제를 제공한다. 이 코드를 가지고 이 대시보드에 적용할 것이다. 박스플롯을 위한 CSS로 시작해보자. CSS내용은 튜토리얼의 index.html 부분에 있다. body 클래스를 제외한 모든 CSS의 내용을 앱의 dashboard.css 파일에 복사한다. 같은 부분에서 irq 함수를 찾고, 그 내용을 dashboard.js 파일에 복사한다. 이제, box.js 부분을 찾는다. appserver/static.js의 한 파일에 전체 함수를 복사한다. d3.min.js를 다운로드하고 appserver/static/js에 복사한다. 그 파일들은 준비되면 지난 절에서 설명한 방법을 사용해서 RequireJS 스택에 그것들을 추가한다. D3는 의존성을 가지고 있지 않지만, boxplot은 D3를 필요로 한다. 이제 시각화를 위한 초기 의존성 구성이 완료되었다. 이제 데이터 시작화의 핵심을 분석해보자.

먼저, 새로운 대시보드 패널이 필요하다.

```
<div id="row3" class="dashboard-row dashboard-row3">
  <div id="panel8" class="dashboard-cell" style="width: 100%;">
    <div class="dashboard-panel clearfix">
```

```
    <div class="panel-element-row">
      <div class="panel-head">
        <h3>Product Metric Comparisons</h3>
      </div>
        <div class="dashboard-element chart" style="width: 100%">
          <div id="boxPlotElement" style="display:inline-block"></div>
            <div style="display:inline-block;vertical-align:top;">
              <h4>From left to right, the box plots are:</h4><ul>
            <li>product_price</li>
              <li>product_sold</li>
                <li>product_meh_clicks</li>
                  <li>product_visitors</li>
                    <li>product_total_revenue</li>
          </ul></div>
        </div>
      </div>
    </div>
  </div>
</div>
```

이제, 2개의 파이 차트 다음에 대시보드 패널을 추가하였다.

 코드를 복사 및 붙여넣기 할 때, 항상 엘리먼트ID를 변경하는 것을 잊지 마라. 그렇지 않으면 모든 것이 엉망이 된다!

SearchManager에 대해 논의한 것을 사용해서, 박스 플롯 데이터를 준비해보자. 검색 문자열은 보이지 않는다. 실제로 매크로이다! 데이터 편집을 하고자 할 때, 대시보드를 변경할 필요가 없다. 오직 매크로만 편집하면 된다.

```
var salesBoxPlotSearch = new SearchManager({
  "id": "salesBoxPlotSearch",
  "search": "|'productBoxPlots'"
}, {tokens: true, tokenNamespace: "submitted"});
```

좋다, 이제 SearchManager를 포함했다. 어떻게 SearchManager에서 데이터를 얻을 수 있을까? 다행히도 스플렁크는 유용한 기능일 수도 있는 것들을 포함하였다. 그래서 데이터를 추출하는 방법이 있다. 코드로 보여주면서 시작할 것이다. 그 후 각각 살펴볼 것이다.

```
var salesBoxPlotResults = salesBoxPlotSearch.data("results");
  salesBoxPlotResults.on("data", function() {
    var d3_data = [];
    var index = 0;
    _.each(salesBoxPlotResults.data().rows, function(Rcolumn, RrowCount) {
      Rcolumn.shift();
      _.each(Rcolumn, function(DColumn, DrowCount) {
        d3_data.push( [index, DColumn ]);
      });
      index++;
      //데이터를 D3 배열로 변환
    });
    //D3 시각화 코드
  });
```

위 코드의 첫 줄은 SearchManager 객체에서의 데이터를 가지고 온다. 두 번째 줄은 데이터 결과가 준비되었을 때 실행되는 트리거 함수이다. 이 함수 안에, 데이터를 바꾸고, 차트를 그릴 필요가 있다. 데이터를 바꾸는 것은 D3 시각화가 이해하고 사용할 수 있는 형식으로 데이터를 나타내주기 위해 필요하다. 자, 데이터를 배열의 배열로 변환한다. 이는 박스 플롯 시각화를 위해 기본 형식이다. 변환된 데이터는 이제 d3_data 변수에 저장된다.

데이터는 다음과 같다.

```
[[0,1],[0,3],[0,4],[1,2],[1,5],[1,6]]
```

첫 번째 인덱스는 박스 플롯 인덱스이고 두 번째 인덱스는 값 인덱스이다. SearchManager에서 데이터를 테이블로 보면서 이 데이터를 얻는다. 여기서부터 우리는 간단히 D3 엘리먼트를 생성, 데이터 할당 그리고 이전에 생성한 엘리먼트에 결과를 보여준다. 마지막 플롯은 다음 화면과 같다. 아시다시피, 박스 플롯은 자동으로 최소, 최대, 평균, 25번째 퍼센타일percentile, 75번째 퍼센타일을 계산하고, 특이값도 보여준다.

다음은 우리가 분석한 각각의 필드에 대한 분산을 보여준다.

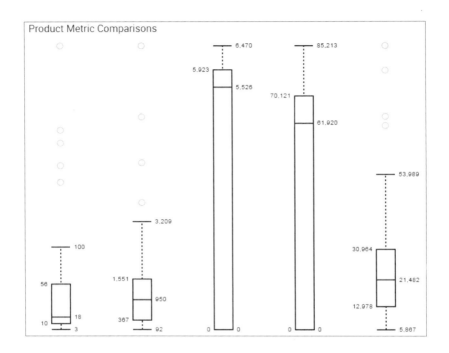

예를 들어 가운데 차트처럼 각 필드의 빠른 분석은 이 차트를 사용하면서 이루어 진다(가운데 차트는 meh 버튼을 클릭한 사람의 수이다. 상당히 일관되고, 건전한 사용자들이나 단지 버튼을 클릭하는 의미없는 클릭을 가리킨다). 같은 방법으로 플롯들은 사용자의 행 동에 대한 직관력을 줄 수 있다. 왼쪽에서 오른쪽으로, 각 필드는 상품 가격, 판매 된 상품의 총 개수, Meh 버튼을 클릭한 수, 사이트를 방문자 수 그리고 총 판매 수 익이다. 많은 데이터를 가질수록 더욱 가치있는 그래프를 얻는다.

외부 데이터와 내용

아주 간단하게 외부에서 추가적인 데이터를 가져오는 방법을 언급할 것이다. 그것 들은 외부 데이터 소스이거나 거의 대부분 내부 서비스에 대한 내부 API 호출일 수 있다.

데이터

API를 가지고 있는 내부 모니터링 솔루션을 가지고 있다고 하자. 효과적으로 데이터를 수집하고 저장하고자 하기 때문에, 내부 모니터링 솔루션의 성능 데이터만 수집하고 저장하고자 한다. 그러나 그 2개의 통합할 수 있을까? 간단하게 API 데이터를 가지고 오고 자동으로 데이터를 강화하는 데 사용할 수 있는 룩업에 성능 데이터를 결과로 저장하는 스크립트 입력을 만들 수 있다. 또한 바로 데이터를 대시보드에 보여주기 위해 제이쿼리도 사용할 수 있고, D3 시각화뿐만 아니라 시각화를 위해 내장 자바스크립트 객체도 사용할 수 있다. 이는 아주 간단히 제이쿼리의 Ajax 라이브러리를 사용함으로서 가능한다.

```
$.ajax({
  url: "http://myinternalserver.example.com/getNode/myNode"
})
  .done(function( data ) {
    if ( console && console.log ) {
      console.log( data );
    }
  });
```

아주 간단히, 위 코드는 전달된 URL에 GET을 수행한다. 그리고 done 함수에 데이터를 반환한다. 그리고 원하는 어떠한 방법으로 그 데이터를 다룰 수 있고 심지어는 대시보드를 강화하기 위해 사용할 수 있다.

내용

페이지에 CSS와 JS를 포함하는 것은 아주 간단하다(크로스-사이트 스크립팅Cross-Site-Scripting[5]과 관련해서 권장은 하지 않는다). 가장 최근에 준비된 페이지를 보여주기 위해 페이지에 iframe을 포함하는 것도 가능하다. 외부에서 자바스크립트 라이브러리와 모듈도 추가할 수 있지만 브라우저는 보안 위험이 있을 수 있기에 그것을 허용되게 활성화되어야 한다. 관심을 가질 성능 문제도 있다. 그래서 가능하다

---

5 웹 공격의 방법으로써 스크립트의 취약성을 이용한다. – 옮긴이

면 static 폴더에 라이브러리와 모듈을 다운로드하고 스플렁크 내부에서 그것을 다룬다.

요약

이 장에서 우리는 스플렁크 애플리케이션과 시각화의 몇 가지 자세한 요소들을 다루었다. HTML 대시보드와 스플렁크 웹 프레임워크의 기본으로 시작해서, 스플렁크 CSS에 대해 기본 CSS를 덮어쓰는 방법도 이야기하였다. 필요한 내용을 제공하는 앱의 static 폴더 위치도 다루었다. 화면의 무언가가 적절히 처리되지 않았다면 캐시를 최신화하기 위해 bump 버튼 사용하는 것을 언급하였다. 전문팁 다음에, SplunkJS 모듈들, 그것들은 생성하는 법을 살펴보았고, 각 예제들을 제공하였다. 계속 이어가서, 대시보드에서 토큰을 설정하는 법과 토큰이 최신화됨에 따라 화면의 변화를 주는 방법도 알아보았다. CSS로 대시보드를 커스터마이징했고, 커스텀 자바스크립트와 D3 시각화를 포함하기 시작하였다. 대시보드에 D3 시각화를 추가하는 방법은 다른 대시보드보다 코딩이 필요하고 재사용하지 못한다. 다음 장에서 설정을 살펴볼 것이다. 커스텀 D3 시각화 모듈 제작 및 다수의 대시보드에서 재사용하게 만드는 방법을 살펴볼 것이다.

대시보드의 커스터마이징이 완료되고, 외부 소스에서 정보를 가지고 오는 기능을 간단히 살펴보았다. 여러 개념과 코드들을 사용해서, 훌륭한 대시보드를 만드는 것을 시작할 수 있다.

6
고급 대시보드 개발

6장에서 고급 대시보드 개발에 대한 추가적인 방법에 대해 논의할 것이다. 5장에서 다룬 D3를 활용한 시각화에서 확장된 D3 모듈 시각화를 구현하면서 시작할 것이다. 모듈 시각화로 개발자는 더욱 대시보드를 유연하게 만들며 그 대시보드의 시각화들을 좀 더 특별하게 변경할 수 있다. 모듈 입력의 설명 및 생성 그리고 테스트를 설명할 것이다. 모듈 입력은 스플렁크의 기본 디렉토리나 파일 모니터링 입력과 유사하게 모듈 방식으로 데이터를 수집하게 한다. KV 저장과 사용법, 그리고 왜 그것을 사용해야 하는지도 다룰 것이다. KV 저장은 메모리에 데이터가 저장되는 것처럼 키-값 형식으로 정보를 저장하여 룩업 테이블 검색을 빠르게 한다. 앱의 커스터마이징 및 관리를 위한 도구로서 바우어, npm, gulp, 깃Git을 사용하는 법도 다룰 것이다.

D3 모듈 시각화

이번에는 이전에 사용했던 D3 박스 플롯 그래프(5장에서 이것을 추가하였다)를 확장된 SimpleSplunkView로 변환할 것이다. 이 방법은 나름의 의미가 있다. 다른 대시보드의 뷰를 빠르게 재사용하는 능력을 가진다는 것이다. 간단히 SearchManager를 뷰에 연결하면 된다. 애초에 확장 처리에 염두를 두었기 때문에 SearchManager의 검색 결과인 이벤트를 다루는 것이 좀 더 쉽다. 또 다른 훌륭한 장점은 뷰가 로딩될 때, 기본 로드 화면이 사용된다. 그래서 로딩이 완료될 때까지 빈 패널이 아니다. 실제로 아주 훌륭한 뷰이다. 확장된 SimpleSplunkView를 생성할 때 준비되어야 할 첫 번째는 기본 템블릿이다.

기본 구조를 살펴보고, 필요한 부분을 채워보자.

```
define(function(require, exports, module) {
  var _ = require("underscore");
  var mvc = require("splunkjs/mvc");
  var SimpleSplunkView = require
    ("splunkjs/mvc/simplesplunkview");
  var D3BoxPlot = SimpleSplunkView.extend({
    className: "d3boxplot",
    options: {
      data: "preview"
    },
    createView: function() {
      return vis;
    },
    formatData: function(data) {
      return data;
    },
    updateView: function(vis, data) {
    }
  });
  return D3BoxPlot;
});
```

앞의 코드는 `SimpleSplunkView`의 기본 템플릿이다. RequireJS 모듈로 작성되었고 (5장의 RequireJS를 기억하는가?), 내부 스플렁크 모듈을 참고하는 것을 확인하라. RequireJS는 자바스크립트 파일과 모듈을 로딩하기 위한 프레임워크이다. RequireJS 모듈은 어떠한 RequireJS-호환 설치를 확장하게 하여 애플리케이션의 다른 부분들에서 포함되게 작성된다. http://requirejs.org의 페이지에서 문서와 몇 가지 정말 훌륭한 예제를 찾을 수 있다. 내부 스플렁크 모듈은 '밑줄 표시'되고, splunkjs로 시작하는 모듈들이다. 그것들은 모듈 포함을 더 쉽게 만들며 이미 스택의 부분이다. 추가 모듈이 포함이 되면, `SimpleSplunkView`의 extend 함수를 호출한다. 전달하는 설정 객체는 `SimpleSplunkView`가 필요로 하는 몇 가지 함수를 포함한다. "이 자바스크립트는 어디로 가는가?"라고 의문을 가질지도 모른다. 물론 appserver/static/js이다! 이 파일을 d3boxplotModule.js라고 부르자. 이제 기억해야 할 또 다른 중요한 사항이 있다. 우리는 시각화 라이브러리로 D3를 사용하기 때문에 view 클래스에 그 라이브러리를 포함해야 한다. `SimpleSplunkView` require 선언 앞에 다음 코드를 직접 추가한다.

```
require('../app/SDG/js/d3.min');
```

 SDG는 실제 앱의 이름인 것을 기억하라. 경로는 이 예에서 필요하다. 왜냐하면 파일이 대시보드에 포함될 때. 대시보드는 그 파일이 아니라 그 페이지의 상대 경로로 호출한다.

이제 뷰에 보여질 시각화와 관련 있는 클래스 이름을 부여하자. 간단함을 유지하라. 구체적일 필요가 없다! 다음 내용과 옵션 설정을 보자. 다음은 어떠한 것도 포함할 필요가 없다. 그러나 필요하다면 뷰 안에 기본 값을 사용할 수 있다. 예를 들어 기본 높이와 폭을 원한다면 여기서 그것을 정의할 수 있다. 새로운 값이 자바스크립트 생성을 통해 전달되면, 기본값은 덮여쓰여질 것이다. 이제 formatData 함수로 넘어가자. 이 함수는 할당된 `SearchManager`에서 전달된 결과를 갖고 그 데이터를 박스 플롯에서 요구되는 구조로 형태를 만들고 그 값을 반환할 것이다. 다음은 formatData 함수가 사용되는 코드이다.

```
formatData: function(data) {
  var d3_data = [];
  var index = 0;
  _.each(data, function(Rcolumn, RrowCount) {
    Rcolumn.shift();
    _.each(Rcolumn, function(DColumn,
    DrowCount) {
      d3_data.push( [index, DColumn ]); });
      index++;
    });
    var mydata = [];
    var min = Infinity,
        max = -Infinity;

    d3_data.forEach(function(x) {
      var e = Math.floor(x[0]),
        s = Math.floor(x[1]),
        d = mydata[e];
      if (!d) d = mydata[e] = [s];
      else d.push(s);
      if (s > max) max = s;
      if (s < min) min = s;
    });
    return data;
}
```

위 코드는 실질적으로 5장에서 박스 플롯의 설정으로 이전에 사용된 같은 함수이다. 유일한 큰 차이점은 단지 표준 모듈 정의와 함께 인라인을 지키려고 데이터 배열에 대한 몇 가지 명명 규칙이다. 이 함수는 박스플롯 차트 데이터를 무겁게 한다. 적절하게 데이터가 준비되었으면, createView 함수를 살펴보자.

```
createView: function() {
  var iqr = function(k) {
    return function(d, i) {
      var q1 = d.quartiles[0],
        q3 = d.quartiles[2],
        iqr = (q3 - q1) * k,
```

```
          i = -1,
          j = d.length;
          while (d[++i] < q1 - iqr);
          while (d[--j] > q3 + iqr);
          return [i, j];
     }};
   var margin = {top: 10, right: 50, bottom: 20, left: 50},
     width = 130 - margin.left - margin.right,
     height = 500 - margin.top - margin.bottom;
   var chart = d3.box()
        .whiskers(iqr(1.5))
        .width(width)
        .height(height);
   return { "chart": chart, "width":width,"height
        ":height, "margin":margin };
   }
```

자, 위의 코드는 5장에서 우리가 일찍이 보았던 박스 플롯과 아주 유사하다. 그러나 몇 가지 차이가 있다. iqr 함수는 이제 인라인 변수이고 박스 플롯의 선에 쉽게 레퍼런스 될 수 있다. 이 함수는 전역적으로도 호출될 수 있지만 이 뷰에서 사용자에게만 제한되기 때문에 단지 지역으로 설정된다. 이 함수와 보통 함수의 다른 차이점은 return 객체이다. 차트는 객체에서 객체로 반환된다. 이는 updateView 함수에 주어진 객체만이 이 함수(createView)와 formatData 함수에서 반환되는 것처럼 바로 필요할 때마다 다른 변수로 쉽게 확장이 가능하다.

updateView 함수에 관하여, 여기서 잠깐 살펴보자.

```
updateView: function(chartObj, data) {
  var width = chartObj.width,
    height = chartObj.height,
    margin = chartObj.margin,
    chart = chartObj.chart;
  console.log("update view");
  d3.select(this.el).selectAll("svg")
    .data(data)
    .enter().append("svg")
```

```
    .attr("class", "box")
    .attr("width", width + margin.left +
      margin.right)
    .attr("height", height + margin.bottom +
      margin.top)
    .append("g")
    .attr("transform", "translate(" +
      margin.left + "," + margin.top + ")")
    .call(chart);
}
```

다시 한 번, 이것은 기본적으로 모듈화를 위해 약간의 변경사항 외에 이전 5장에서 본 것과 같은 D3 코드이다. 가장 큰 차이점은 d3.select 호출이다. 이것은 이제 생성되어 전달되는 this.el을 참조한다. 이것은 차트에 포함될 요소이다. 그차이로, 우리는 이제 같은 대시보드에서 여러 박스 차트를 생성할 수 있다. 어떻게? 다음이 그 코드이다.

```
var salesBoxPlotResults = new boxPlot({
  el: $('#boxPlotElement'),
    id: "salesBoxPlotResults",
    managerid: "salesBoxPlotSearch"
}).render();
```

끝이다. 이제 다음 화면에서 보는 것처럼 박스 플롯을 모듈화하였고, 간단히 그것을 (RequireJS에서 모듈을 포함한 후 변수의 이름인) new boxPlot을 사용한다고 하자. 필요한 파라미터는 전달되었고 데이터 시각화가 준비되었다.

아주 간단하다! 대시보드를 가능한 보기 깔끔하고 쉽게 유지하라. 어떻게 보여지나? 여러분에게 판단을 남긴다.

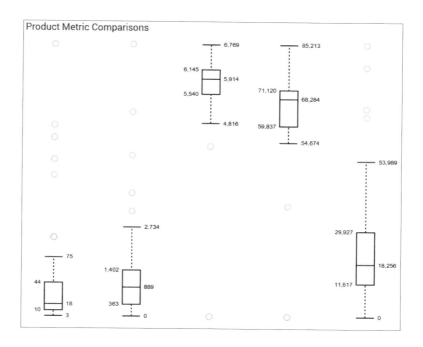

알다시피, 5장에서 만든 것과 동일해 보인다. 그러나 '플러그 인 플레이' 방식의 장점으로 만들어진 것이 다르다. 이 예제는 커스텀 뷰를 생성하는 방법의 간단한 예제라는 것을 명심하라. 개발자가 원하는만큼 간단하거나 복잡해질 수 있다. 이 방법은 색상, 라벨, 범례, 축, 포맷 같은 커스터마이징과는 다르다. 각 옵션은 커스텀 뷰에 포함될 수 있고 원하는만큼 포함시킬 수 있다.

모듈 입력

모듈 입력은 데이터를 수집하기 위해 특화된 방법으로 플랫폼을 확장하는 스플렁크의 특징이다. 모듈 입력은 개발자가 추가한 입력을 스플렁크 플랫폼의 기본 입력처럼 만들 수 있다. 모듈 입력은 데이터가 수집되는 방법을 정의하고 앱의 사용자가 해당 데이터를 수집하기 위한 설정을 정의하는 방법을 제공하는 것이다. "왜 모듈 입력이 필요하지?"라고 물을 수도 있다. 이에 대한 많은 이유가 있다!

예를 들어, 날씨에 대한 데이터를 수집하고 싶다고 이야기해보자. wunderground 의 API로 어떤 한 도시의 날씨 데이터를 수집하는 스트립트를 작성할 수도 있다. 그러나 1개 이상 도시의 날씨 데이터를 원한다면 어떻게 해야 할까? 아마도 그 스 크립트 입력의 복사 및 붙이기 작업, API 파라미터 변경 그리고 API 키를 변경해 야 할 것이다. 그리고 API 사양이 변경된다면, 모든 설정된 스크립트 입력을 업데 이트해야 할 것이다. 모듈 입력을 사용하면 웹 인터페이스에서 API 키와 API 파라 미터를 변경하는 옵션을 사용자에게 제공할 수 있다. 일단 옵션이 변경이 되면, 스 플렁크는 자동으로 설정된 옵션을 사용하여 데이터를 수집할 것이다. 어떤 사양이 변경이 되면, 모듈 입력 코드를 수정한다. 그러면 정의된 모든 입력이 변경될 것 이다. 규모에 비해 아주 쉽다! 모듈 입력의 몇 가지 특징들은 http://docs.splunk. com/Documentation/Splunk에서 찾을 수 있다.

- 스플렁크 웹은 기본적으로 개발자가 정의하여 추가된 입력를 사용할 수 있다.

- 입력에 대한 검증을 할 수 있다.

- 플랫폼에 의존적인 스크립트를 패키징할 수 있다. 예를 들어 앱의 패키지에 윈 도우 버전, 리눅스 버전, 그리고 애플 (Darwin) 버전을 포함할 수 있다.

- 스크립트 출력으로 주석이 가능한 XML 데이터로 데이터를 보낼 수 있다. 스플 렁크 엔터프라이즈가 그 데이터를 어떻게 처리해야 하는지에 대해 관리할 수 있다.

- 스플렁크 엔터프라이즈 REST 엔드포인트를 사용하여 모듈 입력 스크립트에 접근할 수 있다.

- 스플렁크 엔터프라이즈의 기능을 이용하여 REST 엔드포인트에 권한을 부여 할 수 있다.

- 단일 및 복수의 인스턴스를 실행할지 정의할 수 있다. 단일 모듈 입력은 싱글 스레드 환경에서 실행될 때 유용하다.

보다시피, 모듈 입력으로 통해 아주 큰 유연성과 강력함을 가진 입력이 가능하다. 이제 "그럼 (일반적으로) 언제 이 모듈 입력을 사용하지?"라는 의문을 가질 수 있다.

모듈 입력이 필요한지에 대한 결정의 좋은 예는 모듈 입력 코드인 스크립트의 거의 모든 부분이 같지만 사용자 이름 변경, 인증 토큰 및 REST 파라미터 같은 설정 항목에 변경사항이 있어 스크립트를 수정하고자 할 때이다. 이제 모듈 입력이 무엇이고, 왜, 언제하는지 알아보았다. 이제 어떻게 사용하는지 알아보자.

가장 간단한 REST 모듈 입력을 만들 것이다. 이 모듈 입력은 인증없는 공개 API에서 데이터를 가지고 온다. 그 API는 meh.com 포럼과 연결되어 있고, 자세한 페이지를 만든다. 실제 API는 어떤 웹 페이지든지 REST API로 전환하게 하는 kimonolabs.com에서 호스팅된다. 아주 흥미롭다! 확인해봐야 한다. 그 API를 만들고자 하는 이유는 (비록 독자는 알지 못하지만) 바로 지금 우리가 2개의 다른 API를 사용하는 2개의 스크립트 입력을 사용하고자 하는 것이다. 실제 유일한 차이점은 API URL이다. 입력을 추상화하여 GUI로 API를 업데이트하거나 새로운 API를 추가시킬 수 있다. 모듈 입력은 파이썬으로 작성되었다. 그래서 모든 코드는 특별히 언급이 없다면 파이썬이다.

모듈 입력은 실행되는 방법에 따라 2개의 다른 모드를 가진다. 입력 스탠자당 단일 스크립트 인스턴스 모드와 단일 스크립트 인스턴스 모드이다. 그 모드들에서 주된 차이는 어떻게 실행되는냐이다. 입력 스탠자당 단일 스크립트 모드에서 새로운 인스턴스(프로세스)는 각 정의된 입력에 추가될 것이다. 이 방법은 다른 주기 (300초 대 900초)로 여러 입력을 설정하게 한다. 다른 단일 스크립트 인스턴스 모드에서는 스플렁크가 스키마의 기본 주기 설정만 읽고, 이 주기는 덮여쓰여질 수 없다. 아마도 자주 입력 스탠자당 단일 스크립트 인스턴스 모드를 사용할 것이다.

spec 파일

먼저 spec 파일을 정의해보자. 새로운 폴더에 새로운 파일을 생성한다. 생성된 폴더는 README이고 앱의 루트에 위치한다. 생성된 파일은 inputs.conf.spec이다. 이 파일에서 입력으로서의 모듈 입력을 정의하고 필요한 다른 설정 옵션도 정의한다. 다음 내용들을 그 파일에 입력하자.

```
[sdgAPI://default]
* This is the API Modular Input for the Splunk Developers Guide

api_url = <value>
* This is the non-authenticated API URL to consume
```

이 파일의 스탠자는 스크립트 이름 sdgAPI를 포함한다. 이 이름은 앱 로컬의 inputs.conf 파일에서 참조될 것이다. 앱의 bin 폴더에 위치한 입력 sdgAPI.py로 사용할 스크립트의 이름이기도 하다. spec 파일을 만든 후 다음 단계는 설정되어 실제 API를 사용하는 파이썬 스크립트를 작성하는 것이다.

bin 폴더에 sdgAPI.py 파일을 생성해보자.

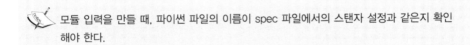 모듈 입력을 만들 때, 파이썬 파일의 이름이 spec 파일에서의 스탠자 설정과 같은지 확인해야 한다.

자, 이제 우리는 sdgAPI를 사용한다. 코드 전체 내용을 다운로드할 수 있지만, 몇 가지 중요한 부분을 설명하기 위해 관련된 코드만 보여줄 것이다. 나머지 내용은 파이썬에 필요한 import 문, 로그 설정 그리고 몇 가지 일반적인 스크립트 변수들이다. 우리가 다룰 첫부분은 스키마이고 다음과 같다.

```
SCHEME = """<scheme>
  <title>sdgAPI</title>
  <description>Get data from an un-authenticated REST API</description>
  <use_external_validation>true</use_external_validation>
  <streaming_mode>xml</streaming_mode>
  <endpoint>
    <args>
      <arg name="api_url">
        <title>API URL</title>
          <description>The URL</description>
      </arg>
    </args>
  </endpoint>
</scheme>
```

```
"""

def do_scheme():
  """ Prints the Scheme """
  doPrint(SCHEME)

def doPrint(s):
  """ A wrapper Function to output data by same method (print vs sys.
stdout.write)"""
  sys.stdout.write(s)
```

스키마는 spec 파일의 내용과 정확하게 일치해야 한다. 스키마는 XML로 작성되어야 하며 필요할 때 시스템에 제공된다(이 부분은 조금 뒤의 코드에서 확인할 것이다). inputs.conf.spec에서 추가한 각 설정값들은 스키마의 arg 섹션에서 추가되어야한다. do_scheme와 doPrint 함수는 아주 간단하다. doPrint 함수는 단지 시스템에 출력하기 위한 랩퍼이다. 우리는 시스템에 출력을 하고자 할 때 그 함수를 사용한다. 그 함수는 스키마가 출력하기로 한 것을 정확하게 출력한다. 모듈 입력에서 다음 단계는 입력의 설정을 읽는 것이다. 이 설정 정보는 GUI를 통해 설정된 모듈 입력의 inputs.conf 파일에서 가져온다.

```
#read XML configuration passed from splunkd
def get_config():
  """ Read XML Configuration data passed from splunkd on stdin """
  config = {}
  try:
    # read everything from stdin
    config_str = sys.stdin.read()
    # parse the config XML
    doc = xml.dom.minidom.parseString(config_str)
    root = doc.documentElement
    conf_node = root.getElementsByTagName("configuration")[0]
    if conf_node:
      logging.debug("XML: found configuration")
      stanza = conf_node.getElementsByTagName("stanza")[0]
      if stanza:
        stanza_name = stanza.getAttribute("name")
```

```
      if stanza_name:
        logging.debug("XML: found stanza " +
          stanza_name)
      config["name"] = stanza_name
      params = stanza.getElementsByTagName("param")
      for param in params:
        param_name = param.getAttribute("name")
          logging.debug("XML: found param '%s'" %
        param_name)
        if param_name and param.firstChild and \
          param.firstChild.nodeType == param.
            firstChild.TEXT_NODE:
          data = param.firstChild.data
          config[param_name] = data
          logging.debug("XML: '%s' -> '%s'" %
            (param_name, data))
          if not config:
            raise Exception, "Invalid configuration received from
              Splunk."
          # just some validation: make sure these keys are present
            (required)
          validate_conf(config, "api_url")
    except Exception, e:
      raise Exception, "Error getting Splunk configuration via
        STDIN: %s" % str(e)
  return config
```

위 코드는 splunkd 프로세스에서 스크립트로 넘겨진 STDIN에서 설정 데이터를 읽는다. 함수는 STDIN 설정 데이터를 얻고, (XML 형식으로 넘겨진) 그 데이터를 파싱하고 설정 데이터를 파이썬 리스트 오브젝트로 만든다. 이 코드는 중요하다. 왜냐하면 이 경우 `validate_conf` 함수를 사용하여 설정을 검증도 하기 때문이다. 이 부분이 어떤 속성이 필요한지 확인하고 요구하는 부분이다. 검증이 필요한 각 설정 옵션에 대해 적절한 아규먼트로 `validate_conf` 호출을 추가하라. 다음 부분은 저자가 일반적으로 코드를 약간 더 간단하게 하고자 사용하는 몇 가지의 함수들이며 간단히 알아보자.

```python
def do_done_event(sourcetype, source):
    """ Outputs a single done even for an unbroken event to the
      Splunk Processor """
    dostr = "<event><source>%s</source><sourcetype>%s
      </sourcetype><done/></event>" %(escape(source),
      escape(sourcetype))
    doPrint(dostr)

def init_stream():
    """ Sends the XML for starting a Stream """
    logging.debug("Setting up stream")
    doPrint("<stream>")

def end_stream():
    """ Sends the XML for ending a Stream """
    logging.debug("Ending Stream")
    doPrint("</stream>")

def getAPIResults(url):
    """ SENDS THE JSON FROM THE API CALL """
    logging.debug("Getting URL: %s"%url)
    request = urllib2.Request(url)
    response = urllib2.urlopen(request)
    return(response.read())
```

do_done_event 함수부터 시작한다. 이 함수의 목적은 done 이벤트를 출력하는 것이다. 스플렁크는 인덱스에 데이터를 저장하기 위해 XML 형식으로 stdout을 처리한다. 이 함수는 스플렁크에게 데이터 전송이 끝났고, 해당 처리를 완료하라고 알려준다. 다음 함수는 init_stream과 end_stream이다. 이 함수들은 스플렁크에게 데이터의 스트림이 언제 시작하고 완료되었는지 알려주기에 중요하다. 조금 뒤에서 어떻게 그 함수들이 사용되는지 살펴볼 것이다. 마지막 함수는 getAPIResults이다. 이 함수는 아규먼트로 단일 URL을 가진다. 이것이 모듈 입력의 핵심이다. urllib2 라이브러리를 사용해서, 이 함수는 URL에 대한 연결을 만들고, response 생성 및 response를 읽는다. 읽어진 응답은 그것이 호출된 곳으로 반환된다. 다음은 또 다른 함수의 코드이다.

```
def run():
    """ The Main function that starts the action. """
    sys.stdout = Unbuffered(sys.stdout)
    config = get_config()
    stanza = config["name"]
    sourcetype = config["sourcetype"]
    source = get_source(stanza[(stanza.rfind("/")+1):])
    init_stream()
    logging.info("source=%s sourcetype=%s stanza=%s operation
      =running_api"%(source,sourcetype,stanza))
    do_event(addCustomFields("%s"%(getAPIResults(config["api_url"]))),
      sourcetype,source)
    do_done_event(sourcetype,source)
    end_stream()
```

run 부분은 실제로 데이터 스트림을 만들고 데이터를 얻는 곳이다. 이 함수 안에서, 이전에 본 get_config 함수를 사용해서 stdin에서 설정을 가져오기 시작한다. 몇몇 변수들을 생성한다. 이 변수들은 데이터 수집 과정에서 여러 번 재사용될 것이다. 그 후, init_stream을 호출함으로써 스플렁크에 대한 데이터 스트림을 초기화한다. 이 스트림은 기본적으로 스플렁크가 선택한 stdout에 단지 <stream>을 출력한다. 이어서 init_stream은, 스트링으로 API 호출의 결과로 do_event를 호출한다. 이것이 실제로 스플렁크에서 데이터를 수집하고 저장하는 과정이다. API로부터 데이터를 수집 및 저장이 완료되면, 그 이벤트(do_done_event)를 완료하고 end_stream으로 스트림을 닫는다. 이제 남겨진 일은 run 함수를 호출하는 것이다.

```
if __name__ == '__main__':
  if len(sys.argv) > 1:
    if sys.argv[1] == "--scheme":
      do_scheme()
    elif sys.argv[1] == "--validate-arguments":
      validate_arguments()
    elif sys.argv[1] == "--test":
      doPrint('No tests for the scheme present')
    else:
```

```
        doPrint('You giveth weird arguments')

else:
 run()

sys.exit(_SYS_EXIT_OK)
```

이 코드는 표준 파이썬 문장이다. 바로 첫 번째 라인이 스크립트에서 실행된다. 실행에 대한 준비와 아규먼트 확인이 필요하다. 스플렁크가 -scheme을 전달하면 그 스키마는 do_scheme를 사용하여 출력된다. --validate-arguments 아규먼트로 아규먼트를 확인한다. 다른 시스템 아규먼트가 없으면, run 함수가 호출되고, 실행이다! 모듈 입력에 대한 몇 가지 기본 형식들이 있다. 전체 코드 예제는 온라인으로 스플렁크 문서에서 가능하다. 코드 작성이 완료되면 모듈 입력 테스트 및 사용을 진행할 수 있다.

모듈 입력 테스트

테스트는 아주 중요하다. 테스트가 없다면 어떻게 그것이 잘 작동될 것이라고 할 수 있을까? 모듈 입력 테스트는 아주 간단하다. 첫 테스트는 문법적으로 정확한지 확인하는 것이다. 이 테스트는 python script.py를 실행하면 된다. 파이썬으로 그 스크립트를 실행하려 하고 그 스크립트가 문법적으로 정확하면 실행되고 아마도 입력을 기다릴 것이다. 다음 테스트는 설정의 예로 사용할 입력 설정을 가져와서 모듈 입력 스크립트에 그것을 아규먼트로 넘겨서 명령어를 실행하는 것이다. 그 스크립트의 모든 응답은 표준 출력에 표시된다. 다음은 (sdgAPI 모듈 입력에 대한 설정으로) 테스트 명령어이다.

```
/opt/splunk/bin/splunk cmd splunkd print-modinput-config sdgAPI sdgAPI://
test | /opt/splunk/bin/splunk cmd python /opt/splunk/etc/apps/SDG/bin/
sdgAPI.py
```

명령어의 파이프 앞부분은 inputs.conf 파일에 위치한 sdgAP://test 스탠자에 대한 설정을 가지고 온다. 파이프 뒷부분은 앞부분에서 가져온 설정을 작성한 파이썬 스크립트에 넘겨진다. 이상 없이 실행이 되면 API 호출의 결과는 화면에 표시될 것이다. 모듈 입력이 예상한 것처럼 실행이 된다고 확신하면, 스플렁크를 재시작한다. 이는 입력을 스플렁크 GUI에 통합하기 위해 필요하다.

모듈 입력 설정

이제 모듈 입력 생성에 대한 작업이 끝났으니, 사용만 하면 된다. 이 모듈 입력에 대한 설정은 **설정** 내의 **데이터 입력**에서 찾을 수 있다. 스플렁크를 재시작 후, 다음화면처럼 신규 모듈 입력을 볼 수 있다.

다음 순서대로 모듈 입력을 설정한다.

1. 앞의 화면에서 sdgAPI를 클릭한다. 해당 모듈 입력에 대한 관리 화면이 나타난다.

2. 파라미터 설정 화면으로 이동하기 위해 **새로 만들기** 버튼을 클릭한다. 다음의 관리화면에서 spec 파일에 이전에 설정한 설명과 파라미터 값이 제공 및 활성화된 것을 볼 수 있을 것이다.

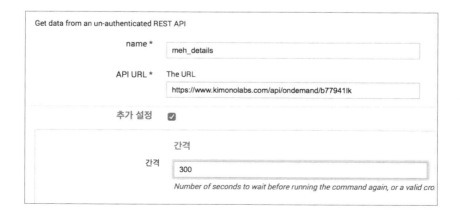

3. 필드들이 채워지면, 다음 버튼을 클릭하고, 입력을 저장한다!

 전문 팁
추가 설정을 클릭하였는지 확인하라. 그리고 계속 데이터를 수집하려면 수집주기를 설정
하라.

화면에서 입력이 저장되면 사용 가능 상태인 것을 다음 화면과 같이 볼 수 있다.

name ⇕	API URL ⇕	Source type ⇕	인덱스 ⇕	상태 ⇕	작업
meh_details	https://www.kimonolabs.com/api/ondemand/b77941lk	mi_meh_details	splunk_developers_guide	사용 가능 ǀ 비활성화	복제 ǀ 삭제

이제 API URL로 수집할 수 있는 모듈 입력이 준비되었다.

스플렁크 앱-키 값 저장

스플렁크 앱 키-값 저장KV Store은 스플렁크 6.2에서 추가된 새로운 기능이다. 메
모리에 저장되는 룩업이라고 간주하라. 실제 저장은 스플렁크 프로세스에 의해 실
행되는 몽고Mongo 데이터베이스에 저장된다. KV 저장은 상태 데이터를 저장할 때
아주 유용하고, 스플렁크 초기 버전에 존재했던 문제를 해결한다. 상태 데이터는
어떤 것의 현재 상태를 정의하는 데이터다. 예를 들어, 가장 최근의 시스템 메모리
와 CPU 사용량을 알고자 할 수도 있다. 이 데이터를 전형적인 룩업 파일에 기록할
수도 있지만, KV 저장을 사용하면 앱에서 KV 저장과 상호연결할 수 있는 능력을
가질 수 있다. KV 저장은 (create, read, update, delete의 줄임말인) CRUD 연산을 수
행하는 완전한 REST 인터페이스를 가지며, 이 방법은 KV 저장을 매우 유용하고
유연하게 한다. 스플렁크 검색어에서 일반적인 룩업처럼 직접 CRUD 연산을 수행
할 수 있다.

언제 KV 저장을 사용하는가?

KV 저장이 장점인 몇 가지 경우가 있다. 룩업이 커지면 커질수록, CSV 기반 룩업 (10MB까지)으로써 실행은 점점 느려진다. 따라서 룩업이나 상태 테이블이 증가하면 KV 저장을 사용하기 원할 것이다. http://dev.splunk.com에 각 방법의 장, 단점을 자세히 비교한 멋진 결과가 있다.

KV 저장의 장점과 단점은 다음과 같다.

KV 저장의 장점	KV 저장의 단점
레코드 단위 입력/수정 이 가능하다("입/수정").	검색 헤드에서 실행되는 룩업을 제한한다.
쓰기 작업시 추가적인 데이터 타입 강조가 가능하다.	자동 룩업을 지원하지 않는다.
검색 성능을 개선하는 필드 가속화를 직접 정의할 수 있다.	
데이터 수집에 REST API 접근을 제공한다.	

CSV 룩업의 장점과 단점을 다음과 같다.

CSV의 장점	CSV의 단점
작거나 드물게 수정되는 파일에 대해서 잘 수행된다.	다수 사용자 접근 잠금을 제공하지 않는다.
인덱서에서 분산 검색 기반 룩업을 지원한다.	편집을 하려면 파일 전체 재작성이 필요하다.
자동 룩업을 지원한다.	REST API 접근을 지원하지 않는다.

그럼 실제로 KV 저장은 무엇인가? KV 저장은 데이터의 컬렉션Collection으로서 설정된다. 다음 표는 친근할 수도 있는 데이터베이스 용어를 KV 저장에서 대응하는 설정 항목과 함께 나타내었다.

테이블	컬렉션
Row	Record
Column	Field
Primary Key	_key
	_user

_key 필드는 예약어이고, 각 레코드에 유일한 ID를 가지고 있다. 이 필드를 지정할 수 있지만, 그렇지 않으면 스플렁크가 자동으로 생성한다. _user 필드도 예약어이고 사용되어야 한다. 이 필드는 각 레코드의 사용자 ID를 포함한다. 그외에, KV 저장은 데이터베이스 테이블과 아주 유사하다. 그러나 주요 장점은 일반적으로 KV 저장은 시간적인 데이터 저장에 사용되지 않는다. 할 수는 있지만, 그것은 스플렁크가 하는 일이다. 그렇지 않은가?

이제 KV 저장이 어떻게 동작하는지 자세히 알아보자. meh.com API 데이터를 사용하는 KV 저장 설정을 하면서 시작할 것이다. 설정이 완료되면, 스플렁크 검색어뿐만 아니라 HTML 대시보드에서 그것을 사용하는 방법을 알려줄 것이다. 컬렉션은 현재 상품, 투표, 포럼 통계로 제한될 것이다. 이 방법으로 단순 룩업 명령어외에 스플렁크 검색을 수행할 필요없이 가장 최신 데이터를 빠르게 얻을 수 있다.

KV 저장 설정

KV 저장 설정은 모두 설정 파일에 직접한다. 설정을 하기 위한 GUI 화면은 없다. 설정은 collections.conf 파일에 저장된다. meh.com 데이터를 위한 KV 저장 설정을 해 보자. collections.conf 파일 편집하여 다음을 추가한다.

```
[meh_kv_product]
[meh_kv_forum]
[meh_kv_poll]
```

끝이다! 진심이다! 하지만, 이것은 단지 KV 저장을 정의한 것이다; 그것에 접속할 수 있는 뭔가가 필요하다. transforms.conf 파일을 열고(없다면 생성하고) 다음 설정 스탠자를 추가한다.

```
[meh_product_kv]
external_type = kvstore
collection = meh_kv_product
fields_list = _key , price, visitors, revenue, mehclicks, title
[meh_forum_kv]
external_type = kvstore
collection = meh_kv_forum
```

```
fields_list = _key , op, op_action, activity, last_activity, title,
votes
[meh_poll_kv]
external_type = kvstore
collection = meh_kv_poll
fields_list = _key , poll_id, poll_title, text, votes
```

위의 설정은 서로 다른 collection 각각의 룩업을 설정할 것이다. fields_list는 필수항목이고 룩업이 연결되는 항목을 정의한다. 모든 필드에 REST 인터페이스를 통해 KV 저장을 최신화할 수 있기 때문에 중요한다. 반면 룩업 명령어는 몇 가지 필드만 가능하다. 이제 룩업이 위치할 곳을 만들었다. 그곳에 위치시키는 것이 필요하다. 이를 위해 product_KV_gen이라는 매크로를 생성한다.

그 매크로의 내용은 다음과 같다.[1]

```
`meh_base` earliest=-30m@m | stats latest(deal.items{}.price) as
price latest(results.collection1{}.visitors) as visitors latest(deal.
title) as title, latest(results.collection1{}.product_total_revenue)
as revenue, latest(results.collection1{}.meh_clicks) as mehclicks |
outputlookup meh_product_kv
```

구체적으로, 이 검색은 지난 30분간의 2개의 다른 Source Type으로 meh_product KV 저장의 필드 리스트와 일치하는 필드로 된 테이블을 생성한다. 그 테이블은 다음 화면과 같을 것이다.

---

1 매크로의 실행에 대해서 설명할 때 나왔지만, 매크로를 실행할 때, 매크로명 앞뒤로 역따옴표(`)가 제대로 되어 있는지 확인한다. 보통 문서의 내용을 복사-붙여넣기할 경우 따옴표로 변경되는 경우가 있다. – 옮긴이

KV 저장과 같은 필드로 구성된 테이블을 가지면, outputlookup 명령어를 사용할 수 있고 그 결과를 KV 저장에 저장할 수 있다. 아직 이 매크로는 스스로 저장 내용을 최신화하지 않는다. 위의 검색을 저장하고 5분마다 실행할 수 있게 한다. 이렇게 해서, 자세한 내용이 최신화되면서 지속적으로 숫자들은 최신화될 것이다. 이제, 가장 최근의 결과를 가지오기 원한다면 간단히 KV 룩업 이름에 대해 inputlookup 명령어를 사용할 수 있다. 그러면 그 결과가 출력된다. 계속 이어서 2개의 다른 매크로와 저장된 검색을 생성한다. 앞에서와 같은 방법으로 진행된다.

자, 이제 정보들이 모두 준비되었다. 그럼 어떻게 그것들을 사용하는가? 검색에서 그것을 사용할 수 있고, 일반적인 방법으로 그 결과를 표시할 수 있다. 다른 방법으로는 직접적으로 REST API를 이용하여 원하는 결과를 가져오고 표시하는 것이다. 이 예로, 완전히 빈 HTML 대시보드를 생성한다. SearchManager에 다음 코드를 추가한다.

```
var APPNAME = "SDG",
  baseKV = "/servicesNS/nobody/"+APPNAME+"/
  storage/collections/data/",
  productKV = baseKV + "meh_kv_product/";
var service = mvc.createService({ owner: "nobody" });
$('#productkvlaunch').on("click", function(e){
  service.request(
    productKV,
      "GET",
      null,
      null,
      null,
      {"Content-Type": "application/json"},
      null)
        .done(function(data) {
          var myData = JSON.parse(data)[0];
          var myHTML = "<ul><li>"+myData.title+"</li><li>Price$: "
           +myData.price+"</li><li>Total$: "+myData.revenue+"
           </li><li>Visits: "+
           yData.visitors+"</li><li>Clicks: "+myData.mehclicks+"</li></ul>";
          $('#productkvlaunch_results').html(myHTML);
        });
});
```

코드를 분석해보자. 오직 1개의 KV 저장을 위한 것이다. 같은 방법은 다른 KV 저장에 전달될 수 있다. 먼저, 변수들은 개발의 속도를 높이고 에러의 위험을 줄이기 위해 변수를 사용한다. APPNAME 값이 변하면, 그 APPNAME을 사용하는 모든 URL 설정들은 변경될 것이다. KV 저장에 대한 기본 URL는 /servicesNS/nobody/APPNAME/storage/collections/data/KVSTORENAME 이고, APPNAME은 앱 이름이며 KVSTORENAME은 collections.conf에서 이전에 설정한 스탠자이다. URL이 구성되면 서비스 오브젝트를 초기화할 필요가 있다. 이 서비스 오브젝트는 REST API에서 사용될 수 있다. 그래서 KV 저장에만 제한하지 말아라. 문자 그대로, 엔드포인트에 가능한 설정 옵션은 이 서비스로 가능한다. 서비스는 이전 코드에서 보여진 것처럼 전달된 아규먼트 오브젝트로 호출된다. owner를 nobody로 구성한다. 여기서 nobody는 대부분의 설정에 접근을 가지는 특별한 사용자이다. 서비스를 생성한 후, HTML 엘리먼트에 onclick 이벤트를 할당한다 (우리 대시보드에서는 헤더이다). 이것의 목적은 사용자에게 데이터와의 연결되는 방법을 주는 것이다. 그리고 어느 때라도 새로고침할 수 있다. 함수 안에서 서비스의 request 메소드를 호출하고 파라미터를 전달한다. 첫 번째는 원하는 엔드포인트의 URL이다. 두 번째는 (GET) 메소드이다. 숫자 6은 헤더 오브젝트이다. 다른 것들은 이 요청에서 null일 수 있다. 마지막 단계는 요청이 반환되었으면 그 결과로 뭔가를 하는 것이다. 그래서 done 함수를 추가하였고, 반환된 데이터를 전달하였다. 이 경우 done 함수는 콘솔에 반환된 데이터를 출력한다. 반환된 데이터는 문자열이고 다음과 같은 형태이다.

```
[ { "mehclicks" : "4930", "price" : "10", "revenue" : "5111",
  "title" : "Riviera RC Aquacopter", "visitors" : "50739", "_user"
    : "nobody", "_key" : "551eeee9911c2730cd6ca6a1" } ]
```

오브젝트로서 이 문자열을 사용하기 위해, 자바스크립트의 JSON 기능을 사용하고, json 오브젝트로 변환하라. 어떻게 사용하더라도 좋다. D3 시각화를 최신화할 수 있거나, 단순히 결과의 정리되지 않은 리스트를 만들 수 있다. 정리되지 않는 리스트를 만들고 다른 요소의 안을 최신화했다. 옵션은 제한이 없고 개발자의 상상력에 맡겨진다. 여기서는 오직 CRUD의 실제 예제만 예를 들었지만, `service.request` 함수를 사용해서 다른 연산도 수행할 수 있다. 그리고 필요한 값을 전달할 수 있다. 완전한 문서는 http://dev.splunk.com에서 온라인으로 가능하다.

데이터 모델

데이터 모델은 앱 개발자 도구의 필수 부분이 되고 있다. 데이터 모델은 개발자가 데이터의 '의미가 있는 지식'을 설계하고 유지하는 데 도움을 준다. 의미가 있는 지식은 수집되는 데이터의 의미와 의견에 대한 근본적인 지식으로 설명될 수 있다. 이 지식은 일반적으로 주제 전문가에게만 알려지지만, 데이터 모델의 형식으로 앱 사용자에게 전달될 수 있다. 이 데이터 모델은 스플렁크 엔터프라이즈로 필요에 따라 요약 및 가속화될 수 있다. 데이터 모델은 스플렁크 엔터프라이즈의 피벗 기능도 다룬다. 데이터 모델은 어떻게 데이터가 연결되거나 분리되는 것을 정의한다. 다른 부분으로 '묶인' 검색을 사용해서 생성된다. 예를 들어, 루트 이벤트는 (IIS나 아파치를 포함하는 모든 웹 로그를 원하는) `tag=web_logs`이고, 두 번째는 오직 웹 로그 에러(예를 들어, `status = 500`)에 대한 '하위 검색'을 만드는 `Errors`일 수도 있다. 이는 앱 사용자가 웹 로그 에러를 선택하고 어떠한 남아 있는 ("필드"로도 알려진) 속성으로 조사할 수 있는 피벗을 사용하게 한다.

데이터 모델은 1개 이상의 오브젝트로 시작한다. http://docs.splunk.com/Documentation/Splunk에서 찾을 수 있는 3가지 오브젝트에 대한 간략한 내용은 다음과 같다.

1. 오브젝트는 데이터셋에 대한 사양이다. 각 데이터 모델 오브젝트는 몇 가지 방법으로 인덱스의 데이터들에 대응된다. 데이터 모델을 다른 인덱스들에 적용하고 다른 데이터셋을 얻을 수 있다.

2. 오브젝트는 이벤트 오브젝트, 검색 오브젝트, 처리 오브젝트, 루트 오브젝트 4개의 종류로 나뉠 수 있다.

3. 오브젝트는 계층적이다. 데이터 모델에서 오브젝트는 계층적으로 부모-자식 관계로 나열될 수 있다. 데이터 모델의 가장 상위 이벤트, 검색, 처리 오브젝트는 총괄하여 '루트 오브젝트'로 참조된다.

4. 하위 오브젝트는 상속을 가진다. 데이터 모델 오브젝트는 제한과 속성으로 대부분 구분된 성질로 정의된다. 하위 오브젝트는 부모 오브젝트로부터 제약과 속성을 상속받는다. 그리고 그들 자신의 추가적인 제약과 속성을 가진다.

데이터 모델에서 정의된 첫 번째 오브젝트는 '루트 오브젝트'라고 부른다. 1개 이상의 '루트 오브젝트'가 있을 수 있고, 각각은 다른 종류일 수 있다. 3개 종류는 '이벤트, 처리, 검색'이다. 각각을 간략하게 살펴보자.

오브젝트의 첫 번째 종류는 '루트 이벤트'이다. 그 오브젝트들은 거의 대부분 개발자가 사용한다. 각 이벤트 오브젝트는 3장에서 본 것처럼 스플렁크 Event Type 설정과 유사하게 Event Type을 대표한다. 루트 이벤트 오브젝트는 간단한 제약을 사용하게 정의된다. 이 제약은 기본적으로 다른 검색 명령어 이전의 일반적인 검색의 부분이다.

오브젝트의 두 번째 종류는 '루트 처리'이다. 이는 개발자에게 데이터 집합에 대해 '처리'를 생성하는 능력을 준다. 처리는 시간에 대해 관련된 이벤트 그룹을 정의하는 것이다. 루트 처리 오브젝트를 생설할 수 있기 전에, 데이터 모델에서 이벤트나 정의된 검색 루트 오브젝트를 가지고 있어야 한다.

오브젝트의 마지막 종류는 '루트 검색'이다. 이 오브젝트는 다른 명령어를 포함하는 스플렁크 검색 어떤 것일 수도 있다. 이 오브젝트는 데이터 모델에서 이벤트와 필드를 변형하는 능력을 준다. 그래서 하위 오브젝트에서 제약될 수 있다.

 각 루트 타입의 하위 오브젝트는 '단순 제약'이다. 그 제약은 부모 오브젝트로부터 데이터를 좁힌다.

데이터 모델은 성능을 이유로 앱에서 완벽하게 사용하면서 가속화될 수 있다. 그러나 오직 '루트 이벤트 오브젝트'만 가속화될 수 있다. 만약 아주 큰 변형 검색을 가진다면, 아마도 가속화로 사용할 동등한 제약 검색을 찾을 것이다.

(데이터 모델 오브젝트의 각 종류에 사용되는) 오브젝트 제약은 이벤트를 '스키마'나 '데이터셋'으로 걸러내는 데 도움을 준다. 루트 이벤트 오브젝트는 제약으로 '단순 검색'을 가질 것이다. 이는 검색 문자열에서 변경이나 스트리밍 명령어가 없다는 것을 의미한다. 루트 검색 오브젝트는 기본 검색 문자열을 사용하고 문자열 안에 변형을 포함할 수 있다. 루트 처리 오브젝트는 처리 정의에 의해 제약 된다. 그 정의는 그룹 오브젝트와 1개 이상의 group by 필드를 식별해야만 한다. 이는 검색 바에서 사용되는 transaction 명령어의 설정 및 사용과 유사한다.

각 오브젝트는 오브젝트 속성을 가진다. 그것은 실질적으로는 몇 가지 방법으로 추출되거나 전달되는 필드이다. http://docs.splunk.com/Documentation/Splunk에서 찾을 수 있는 5개의 다른 속성 종류가 있다. 다음과 같다.

1. **자동-추출**: 이것은 스플렁크 엔터프라이즈가 검색 시간에 얻는 필드이다. 자동-추출 속성을 루트 오브젝트에만 추가할 수 있다. 하위 오브젝트는 오직 상속받을 수 있고, 새로운 자동-추출 속성을 추가할 수 없다. 자동-추출 속성은 다음 중 하나이다.

    1. 스플렁크 엔터프라이즈 uri나 버전처럼 자동으로 인식하고 추출하는 필드. 인덱스된 CSV 파일의 헤더에서 추출된 필드처럼 구조화된 데이터 입력으로 인덱스된 필드를 포함할 수 있다.

    2. inprops.conf에 추가 및 설정되어 정의된 필드 추출, 룩업이나, 계산된 필드

    3. 현재 오브젝트 데이터셋에 있지 않지만, 나중에 있어야만 하기 때문에 수동으로 속성을 추가한 필드. 이것은 inputcsv나 dbinspect 같은 생성 명령어로 오브젝트 데이터셋에 추가하는 필드를 포함할 수 있다.

2. **Eval expression**: 속성 정의에서 입력한 `eval` 표현에서 파생된 필드이다. `Eval` 표현은 종종 1개 이상의 추출된 필드를 포함한다.

3. **Lookup**: 속성 정의에 설정한 룩업의 도움으로 오브젝트 데이터셋의 이벤트에 추가되는 필드이다. 룩업은 CSV 파일과 스크립트 같은 외부 데이터 소스에서의 필드를 추가한다. 룩업 속성을 정의할 때, 설정에서 정의한 어떠한 룩업을 사용할 수 있고, 같은 오브젝트에서 이미 관련된 다른 속성과 관련될 수 있다.

4. **Regular expression**: 이 속성 종류는 속성 정의에서 제공한 정규식을 사용해서 오브젝트 이벤트 데이터에서 추출된 필드를 나타낸다. 정규식 속성 정의는 여러 필드를 추출하는 정규식을 사용할 수 있다. 각 필드는 분리 정규식 속성으로 오브젝트 속성에서 보여진다.

5. **Geo IP**: 이것은 유효한 IP 주소 필드를 가진 오브젝트 데이터셋의 이벤트에 위도, 경도, 나라 그리고 도시 같은 지리학적 속성을 추가하는 특별한 룩업의 종류이다. 맵과 관련된 시각화에 유용하다.

속성은 상속, 추출, 계산될 수 있다. 상속은 다른 오브젝트로 '내려간다'는 특징이 있다. 각 부모는 각 하위에서 필요한 속성을 가지고 하위 속성은 부모 오브젝트에서 속성을 상속받는다. 추출된 속성은 검색 결과에서 자동-추출된 것들이다. 마지막으로 계산된 속성은 데이터 모델에서 계산이나 룩업을 통해 설정된다.

데이터 모델은 아주 복잡하거나 아주 간단할 수 있다. 데이터 모델의 확장성은 데이터를 정의하는데 유연성을 주고, 앱 사용자에게 구조화되지 않는 데이터에 대해서 '구조화된 스키마'로서 보여준다. 설정 아래 데이터 모델의 관리 페이지에서 데이터 모델을 생성 및 관리할 수 있다.

버전 관리와 패키지 관리자

버전 관리는 스플렁크 앱의 범위에서 상당히 중요하다. 앱을 배포할 때, 버전을 포함해야 하고, 변경사항을 유지하는 가장 쉬운 방법은 버전 관리이다. 우리는 버전 관리의 표준으로써 깃을 다룰 것이다. 쉽게 CVS나 SVN을 사용할 수 있지만, 깃은 작업하기에 더욱 유연하고 쉽다. 스플렁크 앱에서 거의 모든 것은 아스키 기반(아주 소수만 바이너리 파일)이기 때문에, 앱은 더 쉽게 버전 관리 시스템과 통합이 된다. 패키지 관리자는 최소한 웹 개발의 범위에서 새로운 개념이다. 우리가 다룰 (npm와 바우어) 2개는 특히 웹 애플리케이션을 위해 설계되었고, 자바스크립트 라이브러리를 찾고, 최신화하고, 변경하는 데 필요한 많은 어려운 작업은 이미 되어 있다. Gulp는 연구할 또 다른 툴이다. 그것은 자동으로 변경된 파일을 찾고, 정적 라이브러리 내용을 최신화하고, 자바스크립트의 최소화를 제공하는 스트리밍 빌드 시스템이다. 각 툴들은 스플렁크 아키텍처와 설계와 잘 맞물리게 선택된다. 다른 툴도 사용할 수 있으나, 그것들이 유명하고, 활성화되어 있고, 확장 가능하다.

자기자신에게 물어볼 수도 있다. 왜 패키지 관리자에 신경을 써야 하지? 쉽게 최신화하여 앱을 배포하는 기능이 훌륭한 특징이다라고 말할 수 있다. 예를 들어 대부분의 테마 앱은 사용자가 사용하기 원할지도 모르는 모든 테마를 포함할 것이지만, 결코 사용하지 않는다. 이는 클라우드상에서 공간과 네트워크를 낭비한다. 패키지 관리자를 사용하면 특정 테마 라이브러리에 대한 설정을 포함할 수 있고 사용자에게 사용자가 원하는 테마를 얻는 법에 대한 설명을 제공할 수 있다. 뒷부분에서 자세히 다룰 것이다. 지금은 NPM부터 시작하자.

NPM

NPMNode Package Manager(https://www.npmjs.com)은 개발자가 재사용할 수 있는 코드를 공유하고 공유된 코드를 최신화하는 쉬운 방법을 제공한다. NPM으로 가능한 대부분의 패키지는 특히 Node.js용이다. 자바스크립트 위에 만들어진 플랫폼이며, 빠르고 가변 네트워크 애플리케이션을 만들기 위해 설계되었다. 그 패키지의 대부분은 스플렁크 웹 프레임워크와는 직접적으로 실행은 안 되지만, 가능한 다른 툴 패키지를 장점을 얻을 수 있다. 바우어와 Gulp는 모두 NPM 패키지이고 다운로드할 수 있다. NPM의 설정은 보통 package.json 파일에 저장된다. 앱의 경우, 이 파일은 appserver/static/build에 저장된다. 모듈과 라이브러리을 넣는 작업 공간을 제공하며, 배포를 할 때 최종 빌드에서 제외할 수 있다. 사용하는 OS 패키지 관리자를 사용해서 설치를 하거나 웹 사이트에서 가능한 다운로드 링크를 통해 설치해야 한다.

바우어

바우어(http://bower.io)는 웹을 위한 패키지 매니저이다. D3, AngularJS, 부트스트랩Bootstrap, Font Awersome, 제이쿼리는 바우어로 관리할 수 있는 단지 몇 개의 라이브러리이다. D3와 제이쿼리는 스플렁크 웹 프레임워크과 궁합이 잘 맞는다. 바우어의 설정은 bower.json 파일에 저장되고, appserver/static/build 폴더에 위치한다. 이 파일에 우리가 필요한 라이브러리를 필요하다면 특정 버전 정보와 함께 추가한다. 바우어는 NPM을 사용해서 설치되고, package.json 설정 파일에 그것이 포함되어 있어야 한다.

Gulp

Gulp(http://gulpjs.com)은 스트리밍 빌드 시스템이다. 많은 모듈 플러그인과 함께, Gulp은 필요에 따라 아주 유연하다. 단일 파일에 정적 내용을 컴파일하는 것에 아주 능숙하다. 이는 여러 CSS 파일들을 단일 application.css 파일로 만드는 능력을 준다. 왜? 모든 대시보드에 새로운 CSS 파일이 포함되는 것을 필요로 하지 않기 때문이다. 1개의 파일로 만들고 그 파일을 포함한다. 메모리에 상주 가능하여 '가속-가능'하고, 여러 번 읽어질 필요가 없다. 이미지나 자바스크립트에 대해서도 사용할 수 있다. Gulp 정의 기본 파일은 gulpfile.js이고 appserver/static/build 폴더에 위치한다. Gulp은 또 다른 NPM 모듈이고, 바우어와 같은 방법으로 설치된다. 각 Gulp 플러그인도 역시 NPM처럼 설치될 필요가 있지만, 얼마나 쉽게 되는지 방법을 알게 되면, 다른 방법을 원하지 않을 것이다.

깃

깃git(http://git-scm.com)은 (스플렁크 앱과 같은) 아스키 텍스트 프로젝트에 아주 적합한 분산 버전 관리 시스템이다. 깃은 NPM의 모듈이 아니다. 차라리, 사용하는 OS의 패키지로서 설치되어야 한다. 가볍고, 오프소스이며, 공짜다. 다른 툴처럼 깃에 대한 직접적인 설정 파일을 없다. 앱의 기본으로 저장소를 초기화하고 그 저장소에 추적하기를 원하는 파일들과 다른 항목들은 추가한다. 버전 관리 아래 앱을 유지하면 릴리스 간의 변경 추적, 실수로 지워진 것들이 있을 경우에 (처음부터 버전 관리로 유지가 되었다면) 도움이 된다. 깃은 심지어 변경사항을 (깃허브 같은) 외부 저장소에 저장하는 기능도 제공한다. 그곳에서 다른 사람들이 다운로드 및 저장된 사항(코드 병합)에 대해 문의할 수도 있다.

모든 것을 함께 묶기

사용하기 원하는 것이 어떤 툴인지 알았으니, 앱을 조금 변경하면서 실제로 해보자. NPM으로 설치하기 원하는 툴이 무엇인지 정의하면서 시작해보자. appserver/static/build 폴더를 사용할 것이다. NPM으로 해 볼 것이다. 먼저, 운영체제에 NPM의 설치가 필요한다. 설치법은 NPM 웹사이트에서 가능하다. package.json 파일에, 아래 내용을 추가한다.

```json
{
  "name": "SDG",
  "version": "0.0.1",
  "author": "alacercogitatus",
  "devDependencies": {
    "bower": "latest",
    "gulp": "~3.8.6",
    "gulp-bower": "0.0.6",
    "gulp-concat": "~2.3.3",
    "gulp-less":"latest"
  }
}
```

정확히 필요한 사항들이 입력되었다. 단순 JSON 문자열이어야 하며, 자바스크립트 리터럴 객체가 아니다.[2] name 속성은 언제나처럼 앱의 이름이다. 일반적으로 name은 NPM 모듈의 이름이지만, NPM을 배포하기 위해 이것을 패키징하는 것이 아니기 때문에 앱을 이름을 사용할 수 있다. 그 다음 코드의 내용처럼 앱의 버전과 개발자를 추가한다. 이제 주목할 것은 devDependencies 부분이다. 여기서 NPM를 통해 얻고자 하는 툴과 그 버전을 나열한다.

lastest를 입력하면 최신 버전을 받는다. 이제 설정 파일을 가졌으니, (설정 파일의 폴더에서) npm install 명령어를 실행한다. 이 명령어는 NPM 모듈을 다운로드, 컴파일, 설치하여, 사용 가능하게 한다. 사용하기 위해 막 다운로드한 모듈을 가지는 node_modules라는 새로운 폴더가 생긴 것을 알 수 있다. 앱의 나머지를 만들기 위한 단계에서 바우어와 Gulp을 사용한다.

바우어는 우리가 필요한 기본라이브러리를 제공하기에 바우어로 시작하자. 우리가 포함하기를 원하는 라이브러리는 d3와 sidr 제이쿼리 플러그인이다. 첫 번째 단계를 바우어 웹사이트를 방문해서 적절한 패키지 이름을 찾는 것이다. 이 경우, d3와 sidr 패키지를 사용하기 원한다. 아래 코드를 build 폴더의 bower.json 파일에 추가하자.

```
{
  "name": "SDG",
  "version": "0.0.1",
  "authors": [
    "alacercogitatus"
  ],
    "description": "Splunk Developer's Guide Bower",
    "dependencies": {
      "d3": "latest",
      "sidr" : "latest"
    }
}
```

---

2 JSON 형식과 자바스크립트 리터럴 객체는 유사한 형식을 가지고 있지만, 명확히 다르다. – 옮긴이

이 파일도 단순 JSON 객체이고 자바스크립트 객체 리터럴이면 안 된다. package. json 파일과 유사한 방법으로, dependenies 객체에 우리가 필요한 패키지를 버전과 함께 추가한다. 파일이 저장되면, bower install을 실행한다. 이 명령어는 바우어 설정 파일을 읽고 bower_components라는 새 폴더에 라이브러리를 다운로드할 것이다. 이 폴더에서 d3와 sidr에 필요한 모든 자바스크립트를 찾을 수 있을 것이다. 그것들은 우리가 인터넷에서 다운로드를 하더라도 같을 것이다.

Gulp은 필요한 어떤 것들에 대해 컴파일하고 배포하기 위해 만들어진 스트리밍 빌드 시스템이다. 설정은 guilpfile.js 파일을 기반으로 한다. 아래 파일을 추가하자.

```
var gulp = require('gulp'),
  bower = require('gulp-bower'),
  concat = require('gulp-concat'),
  less = require('gulp-less'),
rename = require('gulp-rename');
gulp.task('copy:requires', function(){
  gulp.src([
    './bower_components/d3/d3.min.js',
    './bower_components/sidr/jquery.sidr.min.js'
  ])
  .pipe(rename(function(path) {path["dirname"] =  "";}))
  .pipe(gulp.dest('../js'));
});
gulp.task('default',[ 'copy:requires'], function() {});
```

이 파일은 다른 설정 파일들보다 약간 더 복잡하다. 자바스크립트로 작성된다. 그 파일의 가장 위에, package.json 파일에서 정의된 NPM 모듈을 지정하는 변수를 설정하였다. 그 변수들은 함수처럼 파일에서 나중에 참조된다. Gulp은 함수를 수행하기 위해 "tasks"라는 정의를 사용한다. 이 경우, copy:requires task를 만들었고, 그것은 우리가 2개의 라이브러리 얻고, 그것을 appserver/static/js 폴더에 복사한다. 이 task는 default task로 참조되어서 매번 Gulp은 특정 지정된 task가 없이 실행되면 default task가 실행된다. Gulp으로 실행될 수 있는 많은 다른 task들과 플러그인이 있다. 정확한 위치와 설정을 가지면, 단순히 gulp을 실행한다. 각 파일들은 정확인 위치에 복사될 것이다. 3개의 툴을 조합하여, 가장 최신의 웹프레임워크과 다른 툴로 최신화할 수 있을 뿐만 아니라 필요한 특정 버전으로 앱을 패키지할 수 있다. 심지어는 각 프로세스를 (연달아) 자동화하기 위해 각 툴이 실행할 빌드 스크립트를 포함할 수 있다.

이제 깃을 구성하자. 깃은 변경한 것을 추적하고 태그로 각 버전의 추적을 할 수 있게 하는 기회를 준다. 깃은 변경을 공유하거나 외부 백업으로 유지하기 위해 리모트 저장소에 저장하는 기능을 가지고 있다. NPM처럼 운영체제에 설치한다. 설치가 되면 앱의 루트 폴더로 이동한다. 다음 명령어를 실행한다.

1. `git init`
2. `git add`
3. `git commit -am ' Initial Commit'`

위 명령어들은 저장소를 초기화하고 모든 파일을 그곳에 저장한다. 마지막으로 그 저장소에 변경사항들을 커밋한다. 끝이다! 사용하기 간단하고, 앱에 만들어진 변경사항을 추적하는 데 도움이 된다. 새 파일을 추가하고 존재하는 것에 변경사항을 만들면서 위 리스트에서 2, 3번째 명령어를 각각 실행해야 한다. 이는 저장소에 모든 변경사항을 전달하고 저장하는 것을 보장한다.

 전문 팁

build 폴더를 사용해서 사용한다면, 분명히 다음 코드를 .gitignore 파일에 추가하기 원할 것이다. 이 코드는 깃에게 다운로드된 파일은 무시하고 저장소에 추가하지 않을 것을 알려준다. 이는 저장소가 가볍고 패키징과 배포에 준비되도록 한다.

디렉토리들을 제외하도록 아래 설정을 appserver/static/build 폴더의 .gitignore 파일에 추가한다.

```
node_modules
bower_components
!./package.json
!./bower.json
!./gulpfile.js
```

깃으로 할 수 있는 것은 아주 많다. 지금까지는 단지 버전 관리를 위한 기본 소개일뿐이다. 더 자세한 사항은 깃 웹사이트를 방문하라(http://git-scm.com).

요약

이 장에서는, 인라인 시각화를 커스터마이징된 `SimpleSplunkView`로 변환하였다. 앞에서 본 것처럼, 이렇게 커스터마이징된 뷰에 대한 혜택은 엄청나다. 모듈 기능은 같은 코드가 복사-붙이기 과정에서 발생하는 실수없이 사용이 가능하게 한다. 기본 RequireJS 스택에 자바스크립트를 포함하면, 객체의 장점과 원하는 어느 곳에서든 그 객체를 사용할 수 있다.

자바스크립트 뷰 다음, 모듈 입력을 분석했다. 모듈 입력은 스크립트를 재사용하는 기능을 제공한다. 반면 앱 사용자들에게는 필요한 설정에 무엇을 해야 하는지에 대한 간단한 방법을 제공한다. 그것들은 스크립트 안에서 개발자의 증명서를 일반 관찰자로부터 보호하기 위해 암호화된 증명서를 가지는 장점이 있다. 스크립트의 부분을 논의하고 어떻게 그것들이 실제 구현과 관련되는지도 살펴보았다.

KV 저장과 파일 기반 룩업을 대신해서 사용할 때의 이점을 살펴보았다. KV 저장을 생성하고 그것을 사용하는 법을 알아보았다. KV 저장 사용은 상태 테이블을 생성할 때뿐만 아니라 CRUD연산의 모든 방법이 요구될 때 아주 유익하다. REST API와 자바스크립트 서비스 객체를 사용해서 HTML 대시보드에 KV 저장을 통합하는 법도 알아보았다.

앱이 설정 가능하고 공유가 가능하게 유지하기 위해 설계된 몇 가지 툴들을 조사하였다. 패키지 관리자와 버전 관리 같은 툴을 사용하면 팀과 앱을 공유할 수 있고 모든 사람이 같은 라이브러리와 코드를 사용하게 할 수 있다. 이는 코드 문제를 최소화할 수 있다. 버전 관리는 특히 도움이 되고, 스플렁크 앱은 그것에 아주 적합하다.

7장에서 다른 사용자가 앱을 사용하고 설치할 수 있게 앱을 패키징하는 법을 살펴볼 것이다.

7

애플리케이션 패키징

7장에서는 개발자가 앱의 배포를 위해 앱을 적절하게 패키징Packaging하는 방법을 다룰 것이다. 스플렁크베이스Splunkbase에 앱을 공개하려고 할 때, 배포 가이드라인에 맞춰 정확하게 앱을 패키징하는 것이 중요하다. 스플렁크는 스플렁크베이스에 추가될 앱이 지켜야 할 가이드라인 및 해당 표준들을 제공한다. 스플렁크베이스는 스플렁크와 다른 기여자들이 만든 스플렁크 앱과 애드온들에 대한 공식 저장소이다. 패키징은 개발자 및 개발자의 브랜드를 명확히 알려주는 것과 같은 개발자의 앱을 브랜드화하는 기회도 된다. 스플렁크베이스는 배포하고자 하는 앱을 업로드할 때 자동으로 앱의 구조를 확인한다. 따라서 업로드하기 전에 신중하게 확인하는 것이 중요하다. 7장을 진행해가면서 스플렁크 앱을 패키지하고, 스플렁크베이스에 배포할 수 있도록 준비할 것이다. 먼저 스플렁크 앱에 대한 명명 규칙을 알아보고, 몇 가지 기준 및 좋은 사례를 살펴볼 것이다. 일단, 스플렁크 앱 패키징에서 무엇이 필요한지 알아보고, 실제로 앱을 패키징해 볼 것이다.

스플렁크 앱 명명 가이드라인

스플렁크는 앱을 패키징할 때 사용할 수 있는 훌륭한 가이드라인을 제공해왔다. 그 가이드라인은 앱을 만들면서 어떠한 저작권이나 라이선스를 위반하지 않게 하기 위해 중요하다.

 말그대로 가이드라인이다. 회사 내부 및 개인적인 사용을 위해 원하는 어떠한 이름을 가질 수 있다. 그러나, 스플렁크베이스에 앱을 배포하기 위해서는 가이드라인을 준수해야 한다.

첫 번째 가이드라인은 서드파티 트레이드마크 사용에 대한 것이다. 서드파티 트레이드마크는 개발자 및 스플렁크가 허가된 사용 이외의 사용에 대해 라이선스를 가지지 못한 것을 말한다. 스플렁크는 개발자가 서드파티 트레이드마크를 사용할 때 단어 for로 스플렁크 트레이드마크와 서드파티 트레이드마크를 분리하게 한다, 즉, 다음과 같다.

- 서드파티 트레이드마크와 관련된 기술은 스플렁크 및 스플렁크 앱이나 애드온 개발자에게 속하지 않다는 것을 명확하게 한다.
- 스플렁크 앱이나 애드온이 특정 서드파티 제품에 대해 실행되는 것을 알려준다. 비록 개발자는 서드파티 트레이드마크의 기술 중 오직 1개 제품만 참조되는 제품만 사용하겠지만, 해당 서드파티 제품에 대한 기술 이름을 포함해야 한다.

예를 들어, Nagios for Splunk는 유효한 앱 이름이다. 반면 Splunk App for Nagios는 유효하지 않다. 개발자는 앱의 사용자가 혼동하거나 트레이드마크 사용에 대한 위반사항이 없도록 정확하게 스플렁크 앱이 이름을 가졌는지 확인에 주의를 기울어야 한다. 이런 맥락에서, 서드파티 로고 사용이 허가되지 않으면 서드파티 로고를 사용하지 말아라. 몇몇 회사들은 특정 조건 하에 해당사의 로고를 사용할 수 있게 한다. 그래서 해당 회사의 가이드라인을 잘 준수하는지 확인하기 위해 그들의 가이드라인을 확인해야만 한다. 스플렁크 앱을 설명할 때든 앱의 이름에서든 결코 Ⓡ 심볼을 사용하지 말아라. 그 심볼은 서드파티와 관련 있기 때문이다. 개발자의 앱 이름에 서드파티 트레이드마크를 사용하기 위한 가이드라인이 있지만, 스플렁크 소속이 아닌 사람들(독자를 포함한 개발자를 의미한다)이 만드는 앱 이름과 관련된 가이드라인도 있다. 개발자의 문서 및 웹이나, 제목에서 스플렁크 등록 트레이드마크를 참조한다면, 스플렁크 이름 옆에 Ⓡ 심볼을 사용해야만 한다. 개발한 앱이 스플렁크 본사에서 만들었다거나 스플렁크가 해당 앱을 포함하고 있다고 의미하지 않도록 확인하라. 공식 파트너가 아니거나 스플렁크 언론 릴리스 가이드라인을 지키지 않는다면 앱의 릴리스와 관련된 기자회견을 가져서도 안 된다.

패키징의 또다른 부분은 스플렁크베이스의 승인 규칙을 지키는 것이다. 이는 본질적으로 커뮤니티를 활기차고 신뢰가 있게 유지시킬 수 있는 기준이 된다. 패키지 과정을 시작하면서 필요한 기준과 추가적인 명명 규칙 항목들을 살펴보자.

- **앱 ID**: 앱의 ID 속성은 app.conf에 기록되어 있어야 한다. 이 ID는 유일해야 한다. 즉, ID는 실행되고 있는 스플렁크에 설치된 다른 앱과 비교되어 유일해야 하다.

- **앱 버전**: version 속성은 정의된 문자열을 가지고 있어야 한다. 보통 버전 방법은 (메이저, 마이너, 유지보수 등)을 사용할 수 있다.

- **앱 설명**: 짧고 편한 내용이 필요하다. 충분한 정보를 주면서 간결함을 유지하라.

- **앱 아이콘과 스크린 화면**: 스플렁크베이스에 표시될 아이콘은 앱의 appserver/static 디렉토리에 위치한다. PNG 포맷 형식이며 36픽셀×36픽셀의 해상도이어야 한다. 앱의 스크린화면도 스플렁크베이스에서 보여지며, PNG 포맷 형식과 623픽셀×350픽셀의 해상도를 지켜야 한다.

app.conf 파일을 살펴보자. 앱을 패키지할 때 필요한 사항 모두를 포함하는지 확인하라.

```
[install]
is_configured = 0
[ui]
is_visible = 1
label = Developer's Guide for Splunk
[launcher]
author = Kyle Smith
description = Developer's Guide Example for Splunk
version = 1.0
[package]
id = SDG
```

app.conf 파일에 대한 요구사항을 포함하고 있다. 모든 요구사항(버전, 설명 그리고 ID)들은 채워졌고, 다음을 진행할 준비가 되었다.

 앱 ID는 앱 안에 있는 폴더의 이름과 일치해야만 한다. 이 앱이 스플렁크베이스에 업로드 되면, 변경될 수 없다. 그래서 ID가 바뀔 필요가 있으면 새 앱이 업로드되어야 한다.

이전에 생성한 아이콘을 기억하는가? 스플렁크베이스에 표시되게 하기 위해 그것을 appserver/static 폴더에 복사하였다. 앱에 포함된 모든 소스코드도 일정한 표준을 준수해야 한다. 그것은 스플렁크의 전문적인 심사를 거치게 될 것이다. 바이너리 내용을 가지고 있다면 나름의 목적으로 존재해야 한다(다시 말해, .png 파일이면 .exe로 끝나서는 안 된다). 혹시라도 실행 파일이 존재하면 앱의 bin 폴더 안에 존재해야 한다. 운영체제 관련 사항도 표준을 준수해야 한다. 실행될 스크립트가 있다면 그것이 실행될 것이라는 것을 명확히 해야 한다. 어떠한 악성적인 명령어(rm -rf 나 kill -9) 및 유사 명령어를 추가하지 말아라. 이것들은 앱을 심사할 때 사용되는 몇 가지 기준이다. 그것들을 준수해야만 앱이 승인된다. 그 기준 대부분은 일반 상식 수준이다(예를 들어, rm -rf를 실행하지 않는다. 실제 하지도 않는다). 이 항목들은 계속 추가된다. 가장 최신 사항은 http://docs.splunk.com/Documentation/Splunkbase/latest/Splunkbase/Approvalcriteria에서 찾을 수 있다.

해야 할 것과 하지 말아야 할 것들

앱 패키징과 관련된 몇 가지 해야 할 것과 하지 말아야 할 것들에 대한 간단한 표를 검토해보자. 이 항목들은 포함하기 원할 수도 있는 설정들에 대한 아이디어를 줄 수 있지만, 결코 모든 것을 포함한 것은 아니다.

하지 말 것	해야 할 것
검색과 대시보드에서 인덱스 이름을 하드코딩	앱 사용자가 인덱스 위치를 지정할 수 있게 매크로와 event type 사용
다른 폴더에 컴파일된 파이썬 코드 파일을 남기는 것	*.pyc 파일들 제거
local 폴더에 무언가를 남기는 것	모든 것을 default 폴더로 이동
추출되는 필드의 이름을 이상하거나 바보처럼 사용하는 것	스플렁크 공통 정보 모델 사용
사용자가 설정을 추가하기 위해 소스코드를 수정하게 하는 것	사용자 설정이 가능하게 설정 파일이나 모듈 입력 사용
로그를 포함하지 않거나, 바보 같은 축약을 사용하는 것	설명이 되는 정보로 key=value 형태로 로그 생성
하드코드된 경로 및 운영체제에 특별화된 옵션 사용	경로와 환경을 만들기 위해 파이썬 라이브러리 사용
폴더에 사용하지 않는 라이브러리와 프레임워크 남겨두기	깔끔한 제작을 위해 바우어, npm, gulp, 깃을 사용
기본적으로 입력을 활성화로 남겨두기	사용자가 무엇을 활성화할지 선택하게 한다.
어떤 폴더이든 숨김 파일 남겨두기(특히, 맥 OS X 사용자).	"확인, 확인 그리고 확인!"
	스크린화면과 아이콘 포함. 브랜드 인식이 모든 것이다.
	공식적인 가이드라인 준수

앱 패키징

이제, 실제로 배포를 준비하며 앱을 패키징할 것이다. *nix 명령어뿐만 아니라 윈도우에서 7-Zip을 사용하는 방법도 다룰 것이다. 패키징을 위한 폴더 구조를 준비한 후에야 압축을 수행할 것이다. 전체 앱 폴더를 새로운 위치에 복사하면서 시작하자. 이는 우리가 그 위치에 파일들과 다른 내용들을 옮기기에 깨끗한 디렉토리를 가지게 한다. 깃을 사용한다면, 간단하게 개발 변경사항에 대해서 커밋하고 다른 폴더에서 저장소를 클론할 수 있다. 이 방법은 우리가 이전에 생성한 파일을 appserver/static 폴더에 가지고 있지만, 그것들을 커밋하지 않아 저장소에 있지 않기 때문에 필요한 파일만을 가져오게 한다. 깔끔하고, 작게 유지하라!

앱을 새로운 위치에 준비시켰으면, 실제 패키징을 시작할 수 있다. 제거할 가장 첫 번째 항목은 metadata/local.meta 파일이다. 다음 항목은 metadata/default.meta 파일의 기본 권한을 확인하는 것이다. 이상이 없다면 bin 폴더로 이동하자. 여기서는 스플렁크 앱 사용자의 시스템에서 컴파일될 필요가 있기 때문에 모든 *.pyc 파일들이 삭제되어야 한다. 그 후 프레임워크와 라이브러리가 삭제되었는지 appserver/static 폴더를 확인하라. 깃을 사용했기에 build 폴더는 오직 bower.json, gulpfile.js와 package.json을 가지고 있다. 멋지고 깔끔하다! 쉬운 정리다! 또한, 필요하다면 소스들을 빠르게 가져올 수 있다. 다음으로 정적 룩업이 없다면 lookups 폴더를 정리한다. 동적 룩업은 앱 사용자의 시스템에서 생성될 필요가 있다. 그래서 지금 개발 중인 앱에서는 제거가 필요하다. 이제, 패키징의 가장 어려운 부분인 'default와 local 폴더 합치기'로 넘어가자.

폴더들을 합치는 몇 가지 방법들이 있다. 첫 번째이자 가장 간단한 방법은 텍스트 에디터를 사용해서 각 설정 파일들에 대해 local의 스탠자stanza들을 default로 복사 및 붙여넣기 하는 것이다. 그후 그 파일들을 하나씩 data 폴더로 복사하는 것이다. 이 방법은 사람의 실수가 나기 쉽다(아마도 뭔가를 놓치거나, 잘못 붙여넣기 하는 것이다).

또 다른 방법은 개발자의 설정 파일을 생성하기 위해 스플렁크 Btool을 사용하는 것이다. Btool은 파일 우선순위기준에 맞춰 설정들을 단일 파일로 합치기 위해 스플렁크에 특화된 명령어다. 다음은 앱에 있는 모든 local 설정 파일을 확인하고 합쳐진 설정을 보여주고 bin 폴더의 local 폴더에 설정을 저장하는 (*nix 시스템에서 사용할) bash 스크립트이다. 저장된 파일의 내용을 확인하고 그 파일을 default 폴더로 복사할 수 있다. 일단 복사가 되면 local 설정 파일들을 삭제한다.

```bash
#!/bin/bash
CONFS=();
for entry in ../local/*.conf
do
  myPath=${entry##*/}
  filename=${myPath%.*conf}
  if [ -f "$entry" ];then
    CONFS=("${CONFS[@]}" "$filename")
  fi
done
echo ${CONFS[@]}
for conf in ${CONFS[@]}; do
  echo "Writing to $conf.conf"
  /opt/splunk/bin/splunk cmd btool $conf list --app=$1 >
    ./mergedConfs/$conf.conf
done
echo "Files written into mergedConfs. Copy where desired!"
```

이 방법은 주로 복사-붙여넣기 오류를 줄일 수 있기 때문에 아주 유용하다. 스플렁크가 정확히 설정을 인식하는 것이 중요하다. bin[1] 폴더에서 다음과 같이 실행한다.

```
./package.sh SDG
```

여기서, SDG는 앱의 이름이다.

---

1 이 bin은 $SPLUNK_HOME의 bin이 아니라 $APP_HOME의 bin이다.- 옮긴이

이 스크립트를 사용하려면, 스크립트를 실행하기 전에 설정 파일들이 모두 앱-레벨 권한을 가지고 있고 앱의 범위 안에 있는지 확인하라.[2]

변경사항 확인과 local에서 default로 이동이 완료되면, local 데이터 파일로 이동할 수 있다. local/data에 위치해 있는 파일들이다. 그것들은 합쳐지지 않고 기본 파일들을 덮어쓴다. 그것들을 원래의 위치 local/data에서 default/data로 복사한다.

모든 것을 옮기고 local 폴더를 지웠으면, 압축을 할 준비가 되었다. 먼저 *nix에서 해보고 윈도우에서 해보자. 앱 위치의 상위 디렉토리로 이동하고 다음 명령어들을 실행한다.

```
tar -cvf SDG.tar SDG
gzip SDG.tar
mv SDG.tar.gz SDG.spl
```

위의 명령어들은 스플렁크에서 사용될 적절히 명명된 앱 tarball을 생성한다. spl이라는 확장명을 확인하라. 그 확장명으로 스플렁크 앱이라는 것을 알고 적절히 다뤄질 것이다. 불행히도 윈도우에서는 이 과정이 쉽지 않다. 윈도우에서는 7-Zip이라는 프로그램을 사용해야만 한다. 윈도우의 경우도 앱의 상위 폴더로 이동한다. 7-Zip이 설치되면 이 소프트웨어를 오른쪽 클릭으로 사용할 수 있다. 아래 화면에서 보여지는 것처럼 앱 폴더에서 오른쪽 클릭한다.

---

2 앱의 범위, 즉 앱 컨텍스트 안에 없다면 $SPLUNK_HOME/etc/users의 계정별로 저장이 될 수 있다. – 옮긴이

다음 화면처럼 압축 파일에 **추가...** 다이얼로그를 연다.

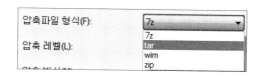

SPL 파일 요구사항의 압축형식으로 tar를 선택하였는지 확인한다. tar 파일을 선택하고, 그것을 압축한다. 다시 오른쪽 클릭하여 **압축파일에 추가...**를 선택한다. 그러나 이번에는 다음 화면처럼 gzip을 선택한다. 그 후 **확인**을 클릭한다. 이제 tar.gz 파일을 생성하기 위해 tar 파일을 압축할 것이다.

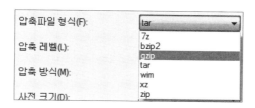

압축 후, 그 파일 이름의 확장명을 다음과 같이 .spl로 변경하는 것만 남았다.

끝이다! 이제 가이드라인에 맞게 패키징된 스플렁크 앱을 생성하였다. 이제는 스플렁크베이스나 개발자 자신의 내부 서비스를 사용해서 앱을 배포하는 방법으로 이동할 것이다.

앱 패키징 체크리스트

앱 패키징 체크리스트 테이블은 앱 패키징 요구사항을 모두 포함한 체크리스트가 아니다. 이 리스트의 모든 항목이 모든 앱에 있어야 할 필요는 없지만 요구사항에 대해 기본적인 확인이 필요한 것들에 대한 것을 제공한다.

기본 체크리스트		
기본 README 파일	잘 만들어진 XML	빈 local 디렉토리
연락 정보	앱 설명	metadata/local.meta 삭제
바이러스/유해웨어 제거	앱 ID	기본 권한 확인
이상한 명령어 제거	앱 버전	다이나믹 룩업 제거
bin에 실행 명령어 위치	앱 아이콘	하드코딩된 경로 제거
SPL 파일 형식	공통 정보 모델 준수	설정 화면
가이드 라인을 준수한 앱 이름	유효한 EULA	하드 코딩되지 않은 인덱스 경로

요약

7장에서 스플렁크 앱 명명 준수에 대한 스플렁크 가이드라인을 다루었다. 앱을 부정확하게 이름을 만드는 것은 지적 재산에 대한 위반 행위를 야기시킬 수 있다. 스플렁크와 서드파티 가이드라인을 따르면서, 서드파티 트레이드마크를 적절하게 사용하고 있는지 확인하라. app.conf 파일에서 필요한 기본 옵션도 살펴보았고, 앱 안에 위치해야 할 내용의 기준도 살펴보았다. 배포를 준비하면서 설정들을 합치고 패키징을 마무리하는 법도 살펴보았다.

앱에서 해야 할 것, 하지 않아야 할 것들에 대한 항목들도 살펴보았고, 요구사항과 확인할 필요가 있는 것들이 앱에 존재하는지를 상기할 수 있는 앱 체크리스트를 제공하였다. 그 항목들은 전체적인 것은 아니지만 앱을 테스트하기 위한 기본 항목을 제공한다.

이제 8장에서 스플렁크베이스에 앱을 배포하는 방법뿐만 아니라 스플렁크 커뮤니티로부터 지원을 받을 수 있는 몇 곳도 다룰 것이다.

8

애플리케이션 배포

8장에서 스플렁크 개발자들을 위한 커뮤니티인 스플렁크베이스Splunkbase에 앱을 배포하는 방법을 다룰 것이다. 각 과정을 차근차근 살펴보며 발생할 수 있는 경고에 대해서 논의할 것이다. 인증 애플리케이션과 스플렁크 앱 개발자가 의미하는 것이 무엇인지 이야기할 것이다. 커뮤니티와 스플렁크 문화뿐만 아니라 전 세계적으로 왜 커뮤니티가 중요한지에 대해서도 논의할 것이다.

그 후, 스플렁크 위키와 (이미 익숙해져 있어야만 하는) 스플렁크 문서와 스플렁크 자원에 대한 몇 가지 링크와 레퍼런스들도 살펴볼 것이다. 마지막으로 스플렁크 사용자 그룹, 그룹을 찾는 법 그리고 무엇을 기대할지에 대해 알아볼 것이다.

셀프 호스팅 앱

스플렁크 앱을 배포하는 첫 번째 방법은 스스로 하는 것이다. 이는 개발자가 데이터를 저장하고, 앱을 유지하며 일반적으로 스플렁크베이스와 같이 배포하는 것을 배제하는 것이다. 이는 특히 라이선스 정책으로 앱을 상품화하려면 좋은 방법이다. 스플렁크베이스는 특별한 이유로 다운로드를 제한할 방법을 가지고 있지 않다. 실제로 개발자가 스플렁크베이스를 사용하지 않으면, 개발자는 사람들이 앱을 찾아, 다운로드하고 설치할 수 있게 할 수만 있다면 어느 곳에나 배포할 수 있다. 앱을 공유하는 많은 다른 방법들이 있다. 그중 몇몇을 보면 Apache/IIS 웹 서버, 아마존 S3, 드롭박스가 있다. 포괄적이지 않은 간단한 리스트이지만 어디에 앱을 배포하고 보여주는지에 대한 아이디어는 충분히 주었을 것이다.

스플렁크베이스

앱이 배포되는 주요 장소는 스플렁크베이스라고 알려진 http://apps.splunk.com 이다. 스플렁크베이스는 개발자들이 다양한 라이선스와 옵션으로 앱을 배포하는 장소이다. 앱이 성공적으로 패키징되면 http://apps.splunk.com/new로 이동 후 각자의 계정으로 로그인 한다. EULA와 개인 정보 정책이 있을 것이다. 이 두 개의 사항을 모두 읽고 동의한다면 수락한다. 첫 번째 단계는 어떻게 자신의 콘텐츠를 제공할지 결정하는 것이다. 이에는 스플렁크에서 제공을 하는 것과 외부에서 제공하는 것 2가지 방법이 있다. 외부에서 제공하는 방법은 앱 사용자에게 제공되는 URL을 지정한다. 이 곳에는 앱과 포함될 다른 문서들을 포함한다. 다음은 URL을 추가하는 화면이다.

또 다른 방법은 스플렁크베이스에서 제공하는 것이다. 이 방법은 다음 화면에서 보는 것과 같다.

브라우저가 지원한다면 파일 선택이나 드래그 앤 드롭 방법을 이용한다. 요구사항을 확인해보자. 최대 50MB이고 한 번에 1개의 파일이다. 확장자명은 tar.gz 및 .zip이나 (비록 화면에 표시되지 않았지만) .spl이어야 한다. 패키징된 앱을 업로드하는 동시에 스플렁크베이스는 앱을 검증하고 검증시 오류에 대해서 알려준다.

업로드과정에서 발생한 오류는 화면의 윗부분에 제공되며, 다음 화면과 같을 것이다.

위의 오류는 앱의 이름에서 특수문자가 사용된 것을 알려준다. 초기 업로드 화면에는 앱 사용자가 앱의 상세 검색을 돕기 위해 채워야 하는 추가적인 정보들도 있다.

선택한 항목이 실제 앱 환경에 적용되는지 확인하라. 앱의 심사를 요청하려면 중요한 사항이다.

이어서 앱 인증을 정의할 것이다. 웹 UI를 통해 진행해가면서 앱에 대한 자세한 항목들을 채워준다. 가능한 특히 문서 부분에서 완벽하게 항목들을 채운다. 라이선스 페이지를 주의 깊게 살펴보라. '공짜' 라이선스를 선택할 수 있지만, 어떠한 다른 라이선스로도 제한을 둘 수도 있다. 심지어는 앱에 대해 비용도 청구할 수도 있다. http://choosealicense.com에서 다수의 라이선스와 그중에서 사용하기를 원할 수도 있는 것들에 대해 찾을 수 있다.

앱 등록에 대한 절차를 진행해 가면서 각 단계에서 모든 설정에 이상이 없으면, 앱은 'holding pattern' 상태에 있게 되고, 이 상태는 이전에 이야기되었던 승인 규칙에 따라 앱이 제작되었는지 스플렁크 직원이 리뷰하게 될 때까지 유지될 것이다. 앱을 올린 개발자는 앱을 볼 수 있고 메타데이터를 수정할 수 있지만, 앱이 승인될 때까지는 누구도 그 앱을 볼 수 없을 것이다.

다음 화면과 같이 앱이 보일 것이다.

This is a companion App for the up-coming book "Splunk Developer's Guide".

VERSION: 1.0 ▼

RELEASE NOTES

This is a companion App designed to go with the up-coming book "Splunk Developer's Guide".

🕐 April 8, 2015
🖥 Platform Independent
📚 6.2

물론, 개발자는 릴리스 노트와 더 의미 있는 설명들을 만들고자 할 것이다. 그러나, 바로 앱에 대한 몇 가지 간단한 정보를 볼 수 있다. 그것이 스플렁크베이스에 앱을 업로드하고 배포하는 데 관련하는 한 전부이다. 아주 빠르고 쉽다! 그러나 인증 애플리케이션에 대해 더 알고 싶으면 진행하자.

인증 애플리케이션

인증 애플리케이션은 스플렁크에 의해 제공되는 프로그램이다. 그 인증 프로그램은 스플렁크의 전문가들이 점검하고 조사한다. 스플렁크 앱과 애드온 모두는 인증받을 수 있다. 소스코드 취약점에 대해서 평가되고 본질적으로 스플렁크는 앱과 애드온의 품질과 상태에 대해 최선을 다한다. 다음 사항을 고려할 때 특별히 볼 수 있고 http://docs.splunk.com/Documentation에서 찾을 수 있다.

"스플렁크는, 어쨌든, 커뮤니티 및 파트너 개발자들의 정확성, 신뢰성, 완벽성, 유용성, 비침해를 보장하지 않는다. 스플렁크는 스플렁크 인증 앱 및 애드온의 사용 및 신뢰성과 관련되어 수익을 잃거나 다른 간접 및 결과에 따른 피해를 포함하는 어떠한 손실이나 피해에 대한 어떠한 방법으로든 법적 책임이 없다."

개발자와 사용자에 대해 특정 이점이 있다. 사용자는 앱 및 애드온이 전문심사가 되었고, 최고의 수준에서 실행된다고 확신을 얻게 된다. 사용자는 인증 앱이 대부분의 엔터프라이즈 제품이 포함하는 적절한 지원을 가질 것이라는 막연한 느낌도 가지게 된다. 이 요구사항은 나중에 열거되는 인증 요구사항들의 부분이다. 개발자에게는 인증이라는 것은 앱과 애드온이 잘 설계 및 실행된다는 인식과 함께 스플렁크베이스에서 제공된다는 것을 의미한다. 개발자들에게 정말 훌륭한 이점은 스플렁크 엔터프라이즈의 사전 빌드에 대해 (비공개에 대한 동의와 함께) 접근할 수 있는 능력이다. 이는 개발자에게 새로운 스플렁크 릴리스로 새 앱을 구성하고 만드는 능력을 준다.

인증 요구사항에 대한 목록은 아주 길다. 요구사항은 변할 수도 있기 때문에 모든 것을 보지 못하지만, 주요 요구사항은 다음과 같다.

- 의존성 정의

- 인덱스 생성

- 요약과 가속화 테크닉

- CIM 지원

- (CIM 지원으로 요구되는) Eventgen 지원

- 문서화

- 지원

스플렁크의 자세한 권장 표준사항 뿐만 아니라 인증에 대한 실용적인 체크리스트도 있다. http://dev.splunk.com/view/app-cert/SP-CAAAE3H에서 핵심사항을 찾을 수 있다.

 지원 요구사항은 하루 8시간, 주5일 지원이다. 이 요구사항을 지킬 수 있는지 확인하라.

인증 프로세스 중의 한 부분으로써 보안 가이드를 준수하는 것이 필요하다. 몇 가지 보안 가이드는 OWASPOpen Web Application Security Project 사이트와 실례에 따르고 서드파티 내용은 최신화 및 안전화되고, OWASP에서 나열된 제어사항들에 대해 모든 부분을 수동으로 테스트하는 것과 같이 개발자의 소프트웨어 개발 라이프 사이클에서 보안을 준수해야 하는 것처럼 모든 종류의 IT와 관련된 프로젝트에서 중요하다.

인증 과정은 아주 간단하다! 지금까지 앱 제작에 대해서 설명하였기에 앱을 만들면서 시작하라. 다음, 앱에 대해 2번, 3번 규약에 대해서 점검하라. 그리고 앱을 패키징하라. 인증을 요청하기 전에 앱과 애드온의 문서 및 지원 정보를 제공하는지 확인하라. 인증에서 실패하는 가장 큰 이유는 충분하게 문서화가 안 되었기 때문이다. 규약을 잘 준수하고 있다고 생각되면 앱을 스플렁크베이스에 제출할 수 있다. 그러나 Certification 박스를 체크했는지 확인하라. 이 체크는 리뷰 과정을 추가하며 승인되었을 때 인증 앱을 배포할 것이다!

커뮤니티

앱을 업로드하였고, 이제 정말로 우리는 스플렁크 커뮤니티에 합류하였다고 말할수 있다. 그리고, 스플렁크 커뮤니티의 일부로서, 다른 사람들을 찾고, 배우고 돕는 훌륭한 장소로서 환경을 조성하는 어떠한 책임이 있다. 우리는 아직 커뮤니티에 초대되지 못한 독자들을 위해 시간을 가질 것이다.

Answers

answers 사이트는 공개적으로 열려 있는 헬프 포럼이다. http://answers.splunk.com에 있다. 주요 목적은 다른 포럼 회원으로부터 도움을 얻고자 하는 것이다. 요청된 질문과 답변들은 아주 가치가 있지만, 몇몇은 쓸모가 없다. 대답의 대부분은 실사례의 지식을 가진 사람들로부터 얻어지지만, 몇몇은 단순 스플렁커에 의해 답변된다. 질문이 없으면 의미가 없다. 커뮤니티는 항상 도움을 위해 열려 있다.

dev.splunk.com

타이틀에서 의미하는 것처럼, http://dev.splunk.com은 앱 개발자들을 위해 준비된 사이트이고 거의 이 책의 모든 것이 그곳에 문서화되어 찾을 수 있다. 이 사이트는 HTML 웹 프레임워크뿐만 아니라 Django 환경 그리고 SDK 전체를 다룬다. 분명 여러분의 레퍼런스로 유용한 사이트이다.

Internet Relay Chat

IRCInternet Relay Chat는 오랜 시간동안 있어왔다. 멀티플레이어 노트패드에 관심이 있다면 EFnet의 #splunk IRC 채널에 가입하라. 사용 가능한 다양한 IRC 클라이

언트들이 있다. 그것 대부분은 Adium, Irssi 등이다. IRC 연결에 대한 도움이 필요하면, http://wiki.splunk.com/Community:IRC를 참고하라.

위키

위키는 정보를 수집하고자 하는 곳이다. 스플렁크도 가지고 있다. 모든 정보가 있고, http://wiki.splunk.com에 위치해 있다. 위키에 대해 알려줄 몇 가지 사항이 있다. (너무 많아서 모두를 언급할 수는 없지만) 꼭 알려주고자 하는 몇 가지 사항은 다음과 같다.

- IRC 채널의 Who's who: http://wiki.splunk.com/Community:IRC
- 시작할 때 알고자 하는 (대부분 경험에서 얻어진) 사항들: http://wiki.splunk.com/Things_I_wish_I_knew_then
- 개선 요청: 여러분이 본 것이 좋다면, 지원 티켓을 열고 가능한 많이 이야기해 달라. 더 좋은 소프트웨어를 만들기 위해 우리에게 의견을 주길 바란다. http://wiki.splunk.com/Community:ERs

위의 내용들은 자주 바뀐다. 따라서 계속 위키를 확인하는 것이 좋다.

사용자 그룹

사용자 그룹은 스플렁크에서 중요하다. 사용자 그룹은 스플렁크 사용자들의 작은 모임이 결국 스플렁크 의견에 관해 소집되었을 때 형성된다. 도시일 수도 있고, 주 단위일 수도 있고 실제로 어떠한 사용자 결합이 될 수 있다. 현재, 사용자 그룹을 찾기 위해 http://www.meetup.com을 방문하고 Splunk를 찾아라. 공식 스플렁크 사용자 그룹을 찾는 것이라면; 금방 찾을 것이다. 사용자 그룹을 찾는 법에 대한 질문이 있다면, community@splunk.com에 질문과 함께 이메일을 보내면 된다.

요약

8장에서 스플렁크베이스에 앱을 배포하는 법에 대해 단계별로 살펴보았다. 패키징이 정확하고 각 설정값들이 적절히 선택되었는지 확인하였다. 스플렁크 앱 인증과 어떻게 그것이 사용자와 개발자들에게 이익이 될 수 있는지 배웠다. 그 후 도움을 찾고, 질문하고, 자세히 스플렁크에 대해 이야기하거나 시간을 보내 수 있는 스플렁크 커뮤니티의 몇 가지 장소에 대해서도 알아보았다.

드디어 이 책의 마지막에 왔다. 이 책을 읽어줘서 감사하다. ('들어가며'에서 알려준 피드백 방법으로) 우리가 했던 것에 대해서 알려주기 바란다. 이 책을 완료한 후 이제 독자들은 스플렁크 애플리케이션 개발에 필요한 지식과 이해를 가지게 되었다. 스플렁크를 활용할 새롭고 흥미로운 방법을 살펴보자. 그리고 더 좋은 기능과 코드로 http://dev.splunk.com을 방문해 보자.

찾아보기

에이콘출판의 기틀을 마련하신 故 정완재 선생님 (1935-2004)

Splunk 앱 제작과 대시보드 개발

인 쇄 ǀ 2016년 1월 13일
발 행 ǀ 2016년 1월 20일

지은이 ǀ 카일 스미스
옮긴이 ǀ 김 영 하

펴낸이 ǀ 권 성 준
엮은이 ǀ 황 영 주
　　　　안 윤 경
　　　　오 원 영
표지 디자인 ǀ 한국어판_이승미
본문 디자인 ǀ 남 은 순

인쇄소 ǀ 한일미디어
지업사 ǀ 다올페이퍼

에이콘출판주식회사
경기도 의왕시 계원대학로 38 (내손동 757-3) (16039)
전화 02-2653-7600, 팩스 02-2653-0433
www.acornpub.co.kr / editor@acornpub.co.kr

이 도서의 국립중앙도서관 출판시도서목록(CIP)은 서지정보유통지원시스템 홈페이지(http://seoji.nl.go.kr)와
국가자료공동목록시스템(http://www.nl.go.kr/kolisnet)에서 이용하실 수 있습니다.(CIP제어번호: CIP2016000867)

책값은 뒤표지에 있습니다.